KOVA LEITFADEN

Der Kommunale Haushaltsplan
- lesen und verstehen -

Methodisch-praktische Ratschläge und Hinweise
für die Arbeit mit dem Haushaltsplan
der Gemeinde

Bearbeitet von Dr. Heinz Richter,

KOVA FACHVERLAG BERLIN
IN DER VERLAGSGRUPPE
JEHLE-REHM

ISBN 3-7825-0303-1
KOVA-Fachverlag, Zweigniederlassung Berlin,
der Kommunalschriftenverlag J. Jehle, München GmbH
Alte Jakobstraße 85/86, 1020 Berlin

VORWORT

Mitunter werden die öffentlichen Finanzen als eine Art „Geheimwissenschaft“ bezeichnet, die ausschließlich Sache von Spezialisten sei. Nirgendwo sollte sich diese falsche Meinung in der Praxis durchsetzen, denn die Finanzen können nur effizient bewirtschaftet werden, wenn sie einer breiten demokratischen Mitwirkung und öffentlichen Kontrolle unterliegen. Natürlich gibt es viele Rechtsvorschriften und auch Besonderheiten, die im Interesse der Ordnungsmäßigkeit zu beachten sind und spezifische Kenntnisse erfordern, denn beim Geld hört bekanntlich die Freundschaft auf.

Das ändert aber nichts an der Tatsache, daß jeder, der rechnen und lesen kann, auch in der Lage ist, einen Haushaltsplan zu lesen. Entscheidend ist, in den Kennziffern nicht tote Zahlen, den vielzitierten „Zahlenfriedhof“ zu sehen, sondern hinter den Zahlen das Leben in der Gemeinde, wie es sich entwickelt hat und wie es sich vollziehen soll.

Der Haushaltsplan ist Grundlage vielfältigen kommunalen Handelns und sollte deshalb mehr Interesse verdienen, als ihm im großen und ganzen zuteil wird, auch wenn er vom Umfang her nicht gerade zum Studium einlädt.

Mit dieser Schrift soll deutlich gemacht werden, daß der Haushaltsplan der Gemeinde nach logischen Gliederungsmerkmalen aufgebaut ist, daß sich hinter seinen Ordnungsziffern ganz bestimmte Inhalte verbergen.

Der Leser sollte sich dabei nicht durch für ihn mitunter neue Begriffe abschrecken lassen. Sie werden, nach Stichworten gegliedert, in dieser Broschüre kurz erläutert.

Diese Schrift ist als Weiterführung der im KOVA-Fachverlag kürzlich erschienenen Broschüre „Der Kommunale Haushaltsplan — Wie wird er erarbeitet?“ zu verstehen. Sie will für die praktische Arbeit sowohl der für Finanzen Verantwortlichen als auch für Bürgermeister und Gemeindevertreter eine unentbehrliche Hilfe sein.

Die in den nachstehend abgedruckten Bestandteilen des Haushaltsplanes eingesetzten Zahlen sind fiktiver Natur. Sie sollen dem besseren Verständnis der Zusammenhänge zwischen den einzelnen Teilen des Haushaltsplanes dienen.

Berlin, August 1990 — Der Verfasser

Inhalt

I.
Wo finden Gemeindevertreter und Bürger die Zahlen der HAUSHALTSSATZUNG?

1. Zur Bedeutung der Haushaltssatzung

Wenn in einer Gemeindevertretung die Beratung und Beschlußfassung des Haushaltsplans auf der Tagesordnung stehen, dann erwarten Bürgermeister, Beigeordnete bzw. Dezernenten und Verwaltung von ihr vor allem die Bestätigung der Haushaltssatzung. Das ist ganz natürlich, erhält doch erst mit der Bestätigung der Haushaltssatzung — als Ausdruck der Finanz- und Steuerhoheit der Gemeinde — der Haushaltsplan seinen Charakter als verbindliche Rechtsnorm.

Die Festsetzung des Haushaltsplans ist deshalb notwendiger, unverzichtbarer Bestandteil — man kann sagen Hauptbestandteil — der Haushaltssatzung. Durch sie werden die Gesamtsumme der Einnahmen und Ausgaben des Verwaltungshaushalts und des Vermögenshaushalts, die Summe der Verpflichtungsermächtigungen, die Höhe der Kreditaufnahme und die Realsteuerhebesätze festgesetzt (siehe nachstehender Vordruck).

In der kürzlich im KOVA-Fachverlag erschienenen Broschüre „Der Kommunale Haushaltsplan — Wie wird er erarbeitet?" wurde, ausgehend von der Erläuterung der Grundsätze und Etappen der Haushaltsplan-Ausarbeitung, die Haushaltssatzung am Schluß als das letztliche Resultat dieser Arbeiten beschrieben. In dieser Broschüre wird sie an den Anfang gestellt, denn die Frage, die Gemeindevertreter und interessierte Bürger gleichermaßen bewegt, ist, wie die in der Haushaltssatzung aufgeführten Summen zustande gekommen sind.

Über die Haushaltssatzung machen sie sich zuerst mit der Haushaltswirtschaft der Gemeinde vertraut.

Zunächst sei darauf hingewiesen: Ein Haushaltsplan muß wachsen, und die Haushaltssatzung faßt die Einzelergebnisse des Haushaltsplans in konzentriertester Form zusammen.

Das aber bedeutet: Es gibt ganz klare und logische Regelungen zum Aufbau eines Haushaltsplans, denn sonst wäre eine Zusammenfassung seiner Bestandteile gar nicht möglich.

Ebenso ist festgelegt, wer für die Ausarbeitung der einzelnen Teile eines Haushaltsplanentwurfs zuständig, also verantwortlich ist.

HAUSHALTSSATZUNG
der Stadt/Gemeinde ____________ für das Haushaltsjahr 1991

Aufgrund des § 36 der Kommunalverfassung v. 17. 5. 1990 (GBl. I Nr. 28 S. 255) hat die Gemeindevertretung/Stadtverordnetenversammlung in der Sitzung am ____________ folgende Haushaltssatzung beschlossen:

§ 1

Der Haushaltsplan für das Haushaltsjahr 1991 wird	im VERWALTUNGSHAUSHALT in der Einnahme auf DM 2 485 500 in der Ausgabe auf DM 2 485 500	im VERMÖGENSHAUSHALT in der Einnahme auf DM 950 000 in der Ausgabe auf DM 950 000 festgesetzt.

§ 2

Der Gesamtbetrag der vorgesehenen Kreditaufnahme für Investitionen und für Investitionsförderungsmaßnahmen (Kreditermächtigung) wird auf 350 000 DM festgesetzt.

§ 3

Der Gesamtbetrag der Verpflichtungsermächtigung wird auf 500 000 DM festgesetzt.

§ 4

Der Höchstbetrag der Kassenkredite, die zur rechtzeitigen Leistung von Ausgaben in Anspruch genommen werden dürfen, wird auf 300 000 DM festgesetzt.

§ 5

Die Steuerhebesätze für die Gemeindesteuern werden wie folgt festgesetzt:

1. Grundsteuer
   a) land- und forstwirtschaftliche Betriebe (Grundsteuer A) 200 v. H.
   b) Grundstücke (Grundsteuer B) 300 v. H.
2. Gewerbesteuer nach dem Gewerbeertrag und dem Gewerbekapital 400 v. H.

§ 6

Die rechtsaufsichtsbehördliche Genehmigung der Haushaltssatzung (§§ 44, 46 Kommunalverfassung) wurde am ____________ 199... unter Aktenzeichen ____________ erteilt.

§ 7

Der Wirtschaftsplan der Betriebe der Stadt/Gemeinde ____________ ist Anlage zum Haushaltsplan.

Stadt/Gemeinde ____________ Siegel Bürgermeister

Anmerkung: Alle in den abgedruckten Bestandteilen des Haushaltsplanes eingesetzten Zahlen sind konstruiert. Sie sollen dem besseren Verständnis der Zusammenhänge zwischen den Teilen des Haushaltsplanes dienen.

Natürlich wird der Schulderzernent nicht den Haushaltsplanvoranschlag für den Bereich des Sozialdezernenten erarbeiten. Beide aber haben zum Beispiel Personalkosten oder Einnahmen aus Gebühren und Beiträgen zu planen, jeder für seinen Verantwortungsbereich.

Die Gemeindevertretung erwartet einerseits einen detaillierten Überblick darüber, was wann wofür eingenommen oder ausgegeben werden soll, andererseits aber auch die zusammengefaßte Übersicht über bestimmte Einnahme- und Ausgabearten, z. B. den Personalaufwand insgesamt oder den Gesamtaufwand für Investitionen.

2. Welche direkten Verbindungen bestehen zwischen der Haushaltssatzung und den Bestandteilen des Haushaltsplans?

Zusammen mit der Haushaltssatzung ist der Gemeindevertretung der Haushaltsplan vorzulegen. Paragraph 2 der Gemeindehaushaltsverordnung[1]) bestimmt, welche Bestandteile und Anlagen der Haushaltsplan enthält. Danach besteht der Haushaltsplan aus

– dem **Gesamtplan,**
– den **Einzelplänen** des Verwaltungshaushalts und des Vermögenshaushalts,
– den **Sammelnachweisen.**

Für die direkten Beziehungen zwischen Haushaltssatzung und Haushaltsplan ist der GESAMTPLAN von Bedeutung.

Der Gesamtplan enthält gemäß § 4 der Gemeindehaushaltsverordnung (GemHVO)

– eine Zusammenfassung der Einnahmen, Ausgaben und Verpflichtungsermächtigungen der Einzelpläne des Verwaltungshaushalts und des Vermögenshaushalts (siehe nachstehender Vordruck),
– eine Übersicht über die Einnahmen, Ausgaben und Verpflichtungsermächtigungen, geordnet nach Aufgabenbereichen und Arten (Haushaltsquerschnitt),
– eine Übersicht über die Einnahmen und Ausgaben, geordnet nach Arten (Gruppierungsübersicht),
– eine Finanzierungsübersicht.

1) Angaben zur Gemeindehaushaltsverordnung beziehen sich auf den Musterentwurf, der im Juni 1990 in einem Sonderheft der Zeitschrift „Finanzwirtschaft" veröffentlicht wurde. Dieser Musterentwurf stimmt mit den in der Bundesrepublik Deutschland geltenden GemHVO im wesentlichen überein. Zwischen den einzelnen Ländern der Bundesrepublik gibt es nur unerhebliche Abweichungen.

Gesamtplan Zusammenfassung der Einnahmen und Ausgaben		Haushaltsansatz 1991 Einnahmen	Ausgaben
Epl.	**Verwaltungshaushalt**		
0	Allgemeine Verwaltung		
1	Öffentliche Sicherheit u. Ordnung		
2	Schulen		
3	Wissenschaft, Forschung, Kulturpflege		
4	Soziale Sicherung		
5	Gesundheit, Sport, Erholung	20 900	73 900
6	Bau- und Wohnungswesen, Verkehr		
7	Öffentliche Einrichtungen, Wirt.förderung		
8	Wirtschaftliche Unternehmen, allgemeine Grund- und Sondervermögen		
9	Allgemeine Finanzwirtschaft		
Epl. 0–9 zusammen		2 485 500	2 485 500

		Haushaltsansatz 1991 Einnahmen	Ausgaben	Verpfl. Erm. 1991
Epl.	**Vermögenshaushalt Einnahmen/ Ausgaben und Verpflichtungsermächtigung**			
0	Allgemeine Verwaltung			
1	Öffentliche Sicherheit u. Ordnung			
2	Schulen			
3	Wissenschaft, Forschung, Kulturpflege			
4	Soziale Sicherheit			
5	Gesundheit, Sport, Erholung	25 000	28 000	8 000
6	Bau- u. Wohnungswesen, Verkehr			
7	Öffentliche Einrichtungen, Wirt.förderung			
8	Wirtschaftliche Unternehmen, allgemeine Grund- und Sondervermögen			
9	Allgemeine Finanzwirtschaft			
Epl. 0–9 zusammen		950 000	950 000	500 000
Gesamts. Verwaltungs- u. Vermögenshaushalt				

Haushaltsansatz 1990		Rechnungsergebnis 1989	
Einnahmen	Ausgaben	Einnahmen	Ausgaben

Haushaltsansatz 1990		Rechnungsergebnis 1989	
Einnahmen	Ausgaben	Einnahmen	Ausgaben

Der § 1 der Haushaltssatzung setzt die Gesamteinnahmen und Gesamtausgaben des Verwaltungshaushalts und des Vermögenshaushalts fest. Diese Beträge müssen mit der Summe der Einzelpläne übereinstimmen, die in der Zusammenfassung der Einnahmen, Ausgaben und Verpflichtungsermächtigungen nach Einzelplänen als Bestandteil des Gesamtplans nachgewiesen sind.[1])

Im § 3 der Haushaltssatzung wird der Gesamtbetrag der Verpflichtungsermächtigungen festgesetzt. Dieser Betrag muß mit der Summe der Verpflichtungsermächtigungen der Einzelpläne 0 bis 9 des Vermögenshaushalts übereinstimmen, die ebenfalls Bestandteil des Gesamtplans — Zusammenfassung der Einnahmen und Ausgaben nach Einzelplänen — ist.

Der § 2 der Haushaltssatzung setzt den Gesamtbetrag der vorgesehenen Kreditaufnahme für Investitionen und Investitionsförderungsmaßnahmen fest. Dieser Betrag muß übereinstimmen mit der Finanzierungsübersicht des Gesamtplans, und zwar mit der Position 13.1 — Einnahmen aus Krediten vom Kreditmarkt — (siehe nachstehender Vordruck).

Ein weiterer Bezugspunkt ist die Position 377/378 der Sammelhauptgruppe 3 der Gruppierungsübersicht — Einnahmen aus Krediten vom Kreditmarkt —. (Auf die Gruppierungsübersicht wird später näher eingegangen.)

§ 4 der Haushaltssatzung schließlich setzt den Höchstbetrag der Kassenkredite fest.

Der Kassenkredit hat keine direkte Beziehung zum Haushaltsplan, wird also in keiner der Übersichten ausgewiesen, die der Haushaltssatzung beizufügen sind.

Obgleich auch Kassenkredite Darlehen im Sinne des BGB sind, gelten sie im Sinne der GemHVO nicht als Kredit.

Sie sind gegenüber den „echten" Krediten keine Deckungsmittel, sondern sollen Abweichungen in den Fälligkeiten von Einnahmen und Ausgaben überbrücken. So können z. B. am Jahresbeginn bereits größere Zahlungen fällig werden, während die Einnahmen erst zu einem späteren Zeitpunkt eingehen. Es kann Finanzbedarf für Investitionen entstehen, während die Zuweisungen später fällig sind. Die Kassenkredite selbst werden über Verwahrkonten abgewickelt und können zur zeitweiligen Deckung von Ausgaben sowohl des Verwaltungshaushalts als auch des Vermögenshaushalts herangezogen werden. Die Zinsen für Kassenkredite sind hingegen in den Haushaltsplan aufzunehmen.

1) In die Vordrucke sind angenommene Zahlen eingesetzt. Der Leser kann dadurch die beschriebenen Bezugspunkte besser verfolgen.

Gesamtplan
Finanzierungsübersicht (1000 DM)

	Haushaltsplan 1991	Haushaltsplan 1990	Ergebnis der Jahresabrechnung 1989
Finanzierungssaldo			
1. Gesamteinnahmen	3 435,5	———	———
2. Einnahmen aus besonderen Finanzierungsvorgängen (Nrn. 9.1, 10.1, 11.1)	350,0	———	———
3. Differenz	3 085,5	———	———
4. Gesamtausgaben	3 435,5	———	———
5. Ausgaben aus besonderen Finanzierungsvorgängen (Nrn. 8, 9.2, 10.2, 11.2)	–	———	———
6. Differenz	3 435,5	———	———
7. Saldo (Nrn. 3 ./.6.)	./. 350,0	———	———
Besondere Finanzierungsvorgänge			
8. Ausgaben zur Deckung von Fehlbeträgen (./.)	———	———	———
9.1 Entnahmen aus Rücklagen	———	———	———
9.2 Zuführungen zu Rücklagen	———	———	———
9.3 Differenz	———	———	———
10.1 Einnahmen aus Krediten	350,0	———	———
10.2 Tilgung von Krediten	———	———	———
10.3 Differenz	———	———	———
11.1 Einnahmen aus inneren Darlehen	———	———	———
11.2 Rückzahlungen von inneren Darlehen	———	———	———
11.3 Differenz	———	———	———
12. Saldo, besondere Finanzierungsvorgänge (8, 9.3, 10.3, 11.3)	———	———	———
Nachrichtlich: Kredite vom Kreditmarkt			
13.1 Einnahmen	350,0	———	
13.2 Tilgung	———	———	
13.3 Saldo	———		

Auch für Kassenkredite gilt der Grundsatz der Subsidiarität, d. h. ihre Aufnahme ist nur gestattet, wenn oder soweit für die Verstärkung des Kassenbestandes keine anderen Mittel zur Verfügung stehen.

Voraussetzung für die Kreditaufnahme ist auch die Ermächtigung durch die Gemeindevertretung in der Haushaltssatzung. Der Kassenkredit (auch Kassenverstärkungskredit genannt) kann als Festbetragskredit oder als Überziehungs- bzw. Kontokorrentkredit aufgenommen werden.

Der festgesetzte Höchstbetrag des Kassenkredits bedarf der Genehmigung durch die Aufsichtsbehörde, wenn er ein Sechstel der im Verwaltungshaushalt veranschlagten Einnahmen übersteigt. (Im angenommenen Beispiel ist dies nicht der Fall.)

Auf die übrigen Paragraphen der Haushaltssatzung soll im Rahmen dieser Schrift nicht weiter eingegangen werden.

Es kann zusammengefaßt werden: Es bestehen direkte Bezugspunkte und -größen zwischen der Haushaltssatzung — dem Haushaltsgesetz der Gemeinde — und Übersichten des Gesamtplans, die der Gemeindevertretung mit der Haushaltssatzung vorzulegen sind.

3. Zur Bedeutung und Wirkung des Haushaltsplans

Die bisher beschriebenen Beziehungen zwischen Haushaltssatzung und Gesamtplan sagen noch nichts über die Beziehungen innerhalb des Haushaltsplans und über seinen Aufbau, vor allem aber über seine Bedeutung aus.

Der Haushaltsplan, der durch die Haushaltssatzung Rechtsverbindlichkeit erhält, ist die Grundlage für die Wirtschaftsführung der Gemeinde.

Für seine Aufstellung gelten die in der GemHVO festgelegten Grundsätze. Er verpflichtet die Gemeinde, die veranschlagten Einnahmen zu erheben und ermächtigt sie, die vorgesehenen Ausgaben zu leisten.

Bedeutung und Wirkung des Haushaltsplans sind im § 37 des Gesetzes vom 17. 5. 1990 über die Selbstverwaltung der Gemeinden und Landkreise in der DDR (Kommunalverfassung)[1]) wie folgt definiert:

„(1) Der Haushaltsplan enthält **alle** im **Haushaltsjahr** für die Erfüllung der **Aufgaben** der Gemeinde voraussichtlich

---

1) GBl. Teil I Nr. 28.

Dieses Gesetz wird in dem Maße ersetzt, wie die Landtage der fünf neuen Bundesländer eigene Gesetze über die Gemeindeordnung verabschieden. Ein Musterentwurf für den Teil Haushaltswirtschaft der Gemeindeordnung ist Bestandteil des gleichen Sonderhefts der Zeitschrift „Finanzwirtschaft", mit dem auch die Musterentwürfe zur Landeshaushaltsordnung und zur Gemeindehaushaltsverordnung veröffentlicht wurden.

1. eingehenden **Einnahmen,**
2. zu leistenden **Ausgaben,**
3. notwendigen **Verpflichtungsermächtigungen.**

...

(2) Der Haushaltsplan ist in einen **Verwaltungshaushalt** und einen **Vermögenshaushalt** zu gliedern. Der **Stellenplan für die Bediensteten** der Gemeinde ist Anlage des Haushaltsplanes.

(3) Der Haushaltsplan ist nach Maßgabe dieses Gesetzes und der auf Grund dieses Gesetzes erlassenen Vorschriften für die Führung der Haushaltswirtschaft **verbindlich.** Ansprüche und Verbindlichkeiten Dritter werden durch ihn weder begründet noch aufgehoben."
(Hervorhebungen durch Verfasser)

Letzteres hat große Bedeutung. Die im Haushaltsplan veranschlagten Ausgabepositionen ermächtigen die Verwaltung, Ausgaben für die bezeichneten Zwecke zu leisten. Unter Umständen in den Erläuterungen des Haushaltsplans auch benannte Subventionsempfänger haben auf Grund dieser Tatsache keinen Rechtsanspruch, diese Subventionen in der geplanten Höhe auch tatsächlich zu erhalten.

Rechtsgrundlage für jede im Haushaltsplan vorgesehene Zahlung ist allein die dafür jeweils vorgesehene Rechtsnorm, auf deren Grundlage Zuwendungsbescheide usw. erteilt werden. Das Ausbringen voraussichtlicher Sozialhilfeleistungen im Haushaltsplan, die natürlich von den Rechtsvorschriften und der Einschätzung der Zahl voraussichtlich Berechtigter ausgeht, verpflichtet die Verwaltung noch nicht, in der geplanten Höhe Sozialhilfe auch zu leisten. Dazu sind Auszahlungsanordnungen der dafür fachlich zuständigen Stellen erforderlich. Das gleiche gilt für die Einnahmepositionen. Die Grundsteuern z. B. werden nicht auf der Grundlage des Haushaltsplans eingezogen, sondern auf der Grundlage der Steuerbescheide und darauf basierender Annahmeanordnungen.

Die Ermächtigung der Verwaltung, Ausgaben für die bezeichneten Zwekke zu leisten, darf nicht mit den Verpflichtungsermächtigungen verwechselt werden. **Verpflichtungsermächtigungen sind nicht Ermächtigungen, Ausgaben zu leisten, sondern Ermächtigungen zum Eingehen von Verpflichtungen, die künftige Haushaltsjahre mit Ausgaben für Investitionen und Investitionsförderungsmaßnahmen belasten.**

Es muß darauf hingewiesen werden, daß buchstäblich jedes Wort des vorgenannten Paragraphen seine Berechtigung und Bedeutung hat. Dafür noch wenige Beispiele:

– „Der Haushaltsplan enthält..."

Es gibt in der Gemeinde nur einen Haushaltsplan. Das entspricht dem Veranschlagungsgrundsatz der Haushaltseinheit.

– „Der Haushaltsplan enthält alle ..."

Das entspricht den Grundsätzen der Vollständigkeit und der Haushaltswahrheit. Es müssen alle vorhersehbaren Finanzvorfälle veranschlagt werden, und die Haushaltsansätze müssen – soweit sie nicht errechenbar sind – sorgfältig geschätzt werden.

– „Der Haushaltsplan enthält alle im Haushaltsjahr ..."

Das entspricht dem Grundsatz der zeitlichen Bindung und Jährlichkeit. D. h.: Der Haushaltsplan wird für das Haushaltsjahr aufgestellt. Die Ausgabeansätze stehen nur bis zum Ablauf des Haushaltsjahres zur Verfügung.

– „Der Haushaltsplan enthält alle im Haushaltsjahr für die Erfüllung der Aufgaben ..."

Verwendungszweck wie auch Höhe der Ausgaben haben sich ausschließlich an den Aufgaben der Gemeinde zu orientieren. Das entspricht dem Grundsatz der stetigen Aufgabenerfüllung. Mit diesem Grundsatz wird auch klargestellt, daß die Gemeinde keine erwerbswirtschaftlichen Zielsetzungen verfolgen soll.

Auch andere Haushaltsgrundsätze, die in der kürzlich im KOVA-Fachverlag erschienenen Broschüre „Der Kommunale Haushaltsplan – Wie wird er erarbeitet?" ausführlich beschrieben wurden, spiegeln sich im soeben zitierten Paragraphen und in anderen Rechtsvorschriften wieder; erwähnt seien die Grundsätze: Sparsamkeit, Wirtschaftlichkeit, sachliche Bindung.

II.
Wie ist ein Haushaltsplan gegliedert?

1. Zum GESAMTAUFBAU des Haushaltsplans

Der Gesamtaufbau des Haushaltsplans der Gemeinde richtet sich nach der kommunalen Haushaltssystematik, die aus der

— Gliederung des Haushaltsplans nach Aufgaben (Funktionen) und der

— Gruppierung der Einnahmen und Ausgaben nach Arten

besteht.

Gliederungs- und Gruppierungsplan sind ein Einheitskontenplan nach der Ordnungstechnik des Dezimalsystems. Sie sind für die Gemeinden als Mindestnomenklatur verbindlich, können aber im Rahmen des dekadischen Systems nach örtlichen Bedürfnissen weiter unterteilt werden. Das sollte nur geschehen, wenn das die gemeindliche Organisation oder sonstige Umstände erfordern und die Übersichtlichkeit nicht beeinträchtigt wird.

Die Verbindlichkeit des Gliederungsplans und des Gruppierungsplans ist kein „Eingriff" in kommunale Selbstverwaltungsrechte. Bekanntlich vollziehen sich die Aufstellung des Haushaltsplans, die Haushaltsbuchführung und -abrechnung der Haushaltspläne mittels automatisierter Datenerfassung und Datenverarbeitung. Die einmal erfaßten Daten werden im Rahmen dieses integrierten Systems gewissermaßen „weitergereicht". Dadurch werden — neben der Einsparung von Verwaltungsaufwand — erheblicher Abstimmungsaufwand vermieden und die Schlüssigkeit der aufeinander aufbauenden Pläne sichergestellt. Das wäre nicht möglich, wenn jede Gemeinde die Gliederung ihres Haushaltsplans sozusagen „selbst erfinden" und festlegen könnte.

2. Der GLIEDERUNGSPLAN

Innerhalb jedes der beiden Teilhaushalte — des Verwaltungshaushalts und des Vermögenshaushalts — werden die Einnahmen und Ausgaben zunächst in 10 Einzelpläne (Epl.) eingeteilt.

Die nachstehende Übersicht zeigt die jeweilige Nummer und den jeweiligen Inhalt des Einzelplanes.

Epl. Nr.	Bezeichnung des Epl.
0	Allgemeine Verwaltung
1	Öffentliche Sicherheit und Ordnung
2	Schulen
3	Wissenschaft, Forschung, Kulturpflege
4	Soziale Sicherung
5	Gesundheit, Sport, Erholung
6	Bau- und Wohnungswesen, Verkehr
7	Öffentliche Einrichtungen, Wirtschaftsförderung
8	Wirtschaftliche Unternehmen, allgemeines Grund- und Sondervermögen
9	Allgemeine Finanzwirtschaft

(vgl. auch Anhang 1)

In der Regel handelt es sich also bei den Einzelplänen um die Aufteilung des Gesamtplans in die Einnahmen, Ausgaben und Verpflichtungsermächtigungen jeweils eines Ressorts, also eines Verantwortungsbereichs innerhalb der Verwaltung.

Muster für die Einzelpläne
A: Verwaltungshaushalt

Bezeichnung des Einzelplans					
Haushaltsstelle[1]		Haushaltsansatz		Ergebnis der Jahresrechnung 19..	Erläuterungen[4]
Nr.[1]	Bezeichnung	19..[2] DM	19..[3] DM	DM	
1	2	3	4	5	6
. . . .					

1) Der Inhalt der Haushaltsstelle wird mit dem Funktionenplan im nächsten Abschnitt erläutert. Vorab: Man erkennt an der Nummer der Haushaltsstelle auch, ob es sich um Einnahmen oder Ausgaben handelt.

2) Haushaltsjahr.

3) Vorjahr.

4) Spalte 6 bzw. Spalte 9 kann entfallen, wenn die Erläuterungen an anderer Stelle stehen.

B: Vermögenshaushalt

Für die Einnahmen gilt die Kopfspalteneinteilung des Verwaltungshaushalts.

Ausgaben

Bezeichnung des Einzelplans								
Haushaltsstelle[1])		Haushaltsansatz			Ergebnis der Jahresrechnung 19 ..	Investitionen und Invest.-Förderg.-Maßnahmen		Erläuterungen[4])[5])
Nr.	Bezeichnung	Ausg. 19 ..[2]) DM	Verpflicht. Ermächt. 19 ..[2]) DM	Ausg. 19 ..[3]) DM	DM	Gesamt-ausg.-Bedarf DM	Bisher bereitgestellt DM	
1	2	3	4	5	6	7	8	9
	. . . .							

1) Der Inhalt der Haushaltsstelle wird mit dem Funktionenplan im nächsten Abschnitt erläutert. Vorab: Man erkennt an der Nummer der Haushaltsstelle auch, ob es sich um Einnahmen oder Ausgaben handelt.

2) Haushaltsjahr

3) Vorjahr

4) Spalte 6 bzw. Spalte 9 kann entfallen, wenn die Erläuterungen an anderer Stelle stehen.

5) Zu den Verpflichtungsermächtigungen ist bei den „Erläuterungen" anzugeben, wie sich die Belastung voraussichtlich auf die folgenden Jahre verteilen wird.

Jeder der 10 Einzelpläne ist in ABSCHNITTE und UNTERABSCHNITTE unterteilt.

Die Abschnitte und Unterabschnitte enthalten wesentliche, im einzelnen abgegrenzte Aufgabenbereiche (Funktionen), die in den Einzelplänen soweit wie möglich vergleichbare Aufgaben zusammenfassen.

Dem Einzelplan 0 — Allgemeine Verwaltung — sind zum Beispiel folgende ABSCHNITTE zugeordnet:

00 — Gemeindeorgane (z. B. Gemeindevertretung, Bürgermeister, Beigeordnete, Entschädigung)

01 — Rechnungsprüfung (Gemeindeprüfungsamt)

02 — Hauptverwaltung (z. B. Hauptamt, Personalamt, Öffentlichkeitsarbeit)

03 — Finanzverwaltung (Kämmerei, Steuerverwaltung, Liegenschaftsverwaltung)

05 — Besondere Dienststellen der allgemeinen Verwaltung (z. B. Standesamt, Statistik, Wahlen)

06 — Einrichtungen für die gesamte Verwaltung (z. B. EDV-Anlage, zentrale Beschaffungsstelle, Registratur, Archiv, Vervielfältigungsstellen)

08 — Einrichtungen für Verwaltungsangehörige (Erholungsheime, Kantinen, eigene Aus- und Fortbildungseinrichtungen u. a.)

Der Einzelplan 8 — Wirtschaftliche Unternehmen, allgemeine Grund- und Sondervermögen — ist in folgende ABSCHNITTE und UNTERABSCHNITTE gegliedert:

Abschn.	Unter-abschn.	Bezeichnung
80		— Verwaltung der wirtschaftlichen Unternehmen
81		— Versorgungsunternehmen
	810	— Elektrizitätsversorgung
	813	— Gasversorgung
	815	— Wasserversorgung
	816	— Fernwärmeversorgung
	817	— Kombinierte Versorgungsunternehmen (Unternehmen, die mehrere Versorgungszweige umfassen)

Abschn.	Unter-abschn.	Bezeichnung
82		– Verkehrsunternehmen (Straßenbahn, Autobus, Hoch- und Untergrundbahn, Bergbahn, Kleinbahn, Skilifte, Hafenanlagen, Fährbetrieb usw.)
83		– Kombinierte Versorgungs- und Verkehrsunternehmen (Unternehmen, die mehrere Versorgungs- und Verkehrszweige umfassen)
84		– Unternehmen der Wirtschaftsförderung (Messehallen, Stadthallen, Hotels, Gaststätten wie Ratskeller, Theatergaststätten, Weinkeller u. dgl.)
85		– Land- und forstwirtschaftliche Unternehmen
	850	– Landwirtschaftliche Unternehmen (Gutshöfe, Gestüte, Molkereien, Mostereien, Gartenbaubetriebe, Fischereibetriebe)
	855	– Forstwirtschaftliche Unternehmen (planmäßig bewirtschaftete Wälder)
86		– Kur- und Badebetriebe (Kurverwaltung, Badeverwaltung, Anlagen und Einrichtungen des Kur- und Badebetriebes) Hinweis: Hierunter zählen nicht Hallenbäder, Freibäder usw., die im Epl. 5 – Gesundheit, Sport, Erholung – unter Abschnitt 57 – Badeanstalten – nachgewiesen werden.
87		– Sonstige wirtschaftliche Unternehmen (Kreditinstitute, Steinbrüche, Kies- und Sandgruben, Torfstiche, Ziegeleien, Waschanstalten, Lagerhäuser usw.)
88		– Allgemeines Grundvermögen (Grundstücke und grundstücksgleiche Rechte, soweit sie nicht anderen Aufgabenbereichen zuzuordnen sind; eigener Wohnungsbau)
89		– Allgemeines Sondervermögen (rechtlich unselbständige Stiftungen, soweit sie nicht anderen Aufgabenbereichen zuzuordnen sind; Gemeindegliedervermögen)

Nach ähnlichen Gesichtspunkten sind auch die anderen Einzelpläne gegliedert.

Zusammenfassend kann festgestellt werden:

Wer den Haushaltsplan „durchforstet", muß beachten:

Erstens: Die erste Ziffer des Abschnittes ist die des Einzelplans.

Zweitens: Die ersten beiden Ziffern des Unterabschnitts sind die des Abschnitts.

Das heißt: Der Abschnitt 80 — Verwaltung der wirtschaftlichen Unternehmen — kann nicht Bestandteil des Einzelplans 0 — Allgemeine Verwaltung — sein.

(Den gesamten Gliederungsplan enthält Anhang 1.)

3. Der GRUPPIERUNGSPLAN

Die Gruppierung ordnet die Einnahmen und Ausgaben des Haushaltsplans nach ihrem ökonomischen Inhalt.

Sie berücksichtigt

- die Eigenart der kommunalen Aufgaben und deren Finanzierung (z. B. ausgeprägte einzel- bzw. betriebswirtschaftliche Betrachtungsweise infolge der Bedeutung der öffentlichen Einrichtungen und Dienstleistungen einer Gemeinde);
- die Einteilung des Haushaltsplans in einen Verwaltungshaushalt und einen Vermögenshaushalt;
- Erfordernisse volkswirtschaftlicher Gesamtrechnungen wie öffentlichen Verbrauch, Umverteilung von Einkommen, Investitionstätigkeit sowie Zahlungsströme zwischen den Verwaltungen.

Davon ausgehend ist der GRUPPIERUNGSPLAN in folgende ZEHN HAUPTGRUPPEN eingeteilt:

Einnahmen:

0 — Steuern, allgemeine Zuweisungen
1 — Einnahmen aus Verwaltung und Betrieb
2 — Sonstige Finanzeinnahmen
3 — Einnahmen des Vermögenshaushalts

Ausgaben:

4 — Personalausgaben
5/6 — Sächlicher Verwaltungs- und Betriebsaufwand
7 — Zuweisungen und Zuschüsse (nicht für Investitionen)
8 — Sonstige Finanzausgaben
9 — Ausgaben des Vermögenshaushalts

Das heißt: Alle Gruppierungsziffern, die als erste Ziffer eine 0, 1, 2 oder 3 haben, bezeichnen zu realisierende Einnahmen, alle Gruppierungsziffern mit den Anfangsziffern 4 bis 9 bezeichnen zu leistende Ausgaben.

Im Vermögenshaushalt dürfen nur Einnahmeansätze der Hauptgruppe 3 und Ausgabenansätze der Hauptgruppe 9 erscheinen.

Jede der Einnahme- und Ausgabe-Hauptgruppen ist unterteilt in GRUPPEN und erforderlichenfalls in UNTERGRUPPEN.

Auch hier gilt entsprechend der Ordnungstechnik des Dezimalsystems, daß die erste Ziffer der Gruppe die Ziffer der Hauptgruppe ist, und daß die beiden Ziffern der Gruppe zugleich die ersten beiden Ziffern der Untergruppe sind.

Die HAUPTGRUPPE 0 — Steuern, allgemeine Zuweisungen — ist zum Beispiel wie folgt gegliedert:

Gruppe	Untergruppe	Bezeichnung
00		Realsteuern
	000	— Grundsteuer A
	001	— Grundsteuer B
	003	— Gewerbesteuer nach Ertrag und Kapital
01		Gemeindeanteil an der Einkommensteuer
02		Andere Steuern
	020	— Vergnügungssteuer f. d. Vorführung von Bildstreifen
	021	— Sonstige Vergnügungssteuern
	022	— Hundesteuer
	027	— Sonstige Steuern
03		Steuerähnliche Einnahmen
04		Schlüsselzuweisungen
	041	— Land
	042	— Kreis
05		Bedarfszuweisungen
	051	— Land
	052	— Kreis
06		Sonstige allgemeine Zuweisungen
	060	— Bund
	061	— Land
	062	Kreis
07		Allgemeine Umlagen

(Die gesamte Gruppierungsübersicht enthält Anhang 3)

4. Die HAUSHALTSSTELLE

Die Haushaltsstelle setzt sich zusammen aus

- der Gliederungsziffer und
- der Gruppierungsziffer.

Hinzu kommen noch (nicht verbindlich vorgeschrieben)

– die besondere Kennziffer

  1 = Verwaltungshaushalt

  2 = Vermögenshaushalt,

  die jeweils vor die Gruppierungsziffer gesetzt wird,

  (Die Ziffer 1 = Verwaltungshaushalt oder 2 = Vermögenshaushalt ist also die erste Ziffer einer jeden Haushaltsstelle.)

– eine Prüfziffer für EDV-Zwecke, die hinter der jeweiligen Gruppierungsziffer steht,

– Vorhabenkennziffern (nur im Vermögenshaushalt), mit denen Investitionsvorhaben numeriert werden.

Insgesamt setzt sich also eine HAUSHALTSSTELLE wie folgt zusammen:

Beispiel 1:

1.460.414.•

Erläuterung:

- 1 — Besondere Kennziffer Verwaltungshaushalt
- 4 — Gliederungsziffer für den Unterabschnitt Epl. 4 – Soziale Sicherung
- 6 — Abschnitt 46 – Einrichtungen der Jugendhilfe
- 0 — Unterabschn. 460 – Kindergärten

Gruppierungsziffer für Einzelzweck bzw. Entstehungsgrund

- 4 — Hauptgruppe 4 – Personalausgaben
- 1 — Gruppe 41 – Dienstbezüge u. dgl.
- 4 — Untergruppe 414 – Angestellte
- • — Prüfziffer für EDV-Zwecke

Bei der Haushaltsstelle 1.460.414.• handelt es sich also um die Vergütung der Angestellten der Kindergärten, die im Verwaltungshaushalt geplant sind.

Beispiel 2:

2.630.950.•.001

Erläuterung:

Besondere Kennziffer Vermögenshaushalt

Gliederungsziffer für den Unterabschnitt

Epl. 6 — Bau- und Wohnungswesen, Verkehr

Abschn. 63 — Gemeindestraßen

Unterabschn. 630 — Gemeindestraßen

Gruppierungsziffer für Einzelzweck bzw. Entstehungsgrund

Hauptgruppe 9 — Ausgaben des Vermögenshaushalts

Gruppe 95 — Tiefbaumaßnahmen

Untergruppe 950 — Tiefbaumaßnahmen

Prüfziffer für EDV-Zwecke

Vorhabenkennziffer

Bei der Haushaltsstelle 2.630.950.•.001 handelt es sich also um Kosten für Tiefbaumaßnahmen (Investitionen) am Vorhaben 001 der Gemeindestraße, die im Vermögenshaushalt geplant sind.

Zusammenfassend ist festzustellen:

Jede Bezeichnung für eine Haushaltsstelle des Haushaltsplans läßt sich mit Hilfe des Gliederungsplans und des Gruppierungsplans finden und überprüfen.

Jeder Gemeindevertreter und interessierte Bürger ist in der Lage, anhand des Gliederungsplans und des Gruppierungsplans selbst die Haushaltsstelle für eine bestimmte Maßnahme zu ermitteln.

Gliederung und Gruppierung der Haushaltspläne der Gemeinden sind in einer Verwaltungsvorschrift (Runderlaß) der Finanzminister der Länder verbindlich zu regeln. Diese Verwaltungsvorschrift (VV) enthält als Anlagen auch

— den Gliederungsplan

— den Gruppierungsplan

– die Zuordnungsvorschriften zum Gliederungsplan
– die Zuordnungsvorschriften zum Gruppierungsplan.

Die Zuordnungsvorschriften enthalten zu jedem Unterabschnitt (Gliederungsplan) und zu jeder Untergruppe (Gruppierungsplan) detaillierte Festlegungen, welche Einnahmen und Ausgaben jeweils zuzuordnen sind.

Beispiele[1])

A) **Zuordnungsvorschriften Gliederungsplan:**

Epl. 0: Allgemeine Verwaltung

Abschn. 03: Finanzverwaltung

Unterabschn. 030: Kämmerei:

„Kämmereiverwaltung, Finanzwirtschaftliche Grundsatzfragen, Finanzplanung, Haushalts-, Kassen- und Rechnungswesen

Aufstellung der Jahresrechnung, der Finanzstatistik und der Finanzberichte

Angelegenheiten des Finanzausgleichs

Stadtkasse (Stadthauptkasse), Gemeindekasse einschließlich Nebenkassen und Zahlstellen, Vollziehungsamt, Amtskasse, Kreiskommunalkasse"

B) **Zuordnungsvorschriften Gruppierungsplan:**

Hauptgruppe 5/6: Sächlicher Verwaltungs- u. Betriebsaufwand

Gruppe 65: Geschäftsausgaben

Untergruppe 650: Bürobedarf

„Schreib- und Zeichenbedarf und kleinere Arbeitsmittel, z. B. Schreib-, Lösch- und Packpapier, Vordrucke, Herstellung von Formularen, Kopien, Vervielfältigungen und Drucksachen für den Verwaltungsbedarf

Schreib- und Zeichenmaterial wie Bleistifte, Farbstifte, Kugelschreiber, Füller, Farben, Tinte, Farbbänder, Pinsel, Radiergummi

Klebstoffe, Schnüre und Bindfaden, Schnellhefter und Ordner

Kleine Bürogeräte wie Lineale, Locher, Stempel, Scheren, Heftgeräte, Ascher, Brief- und Papierkörbe, Post- und Verteilermappen"

1) Die Beispiele beziehen sich auf die Zuordnungsvorschriften des Landes Nordrhein-Westfalen.

III. Der Gesamtaufbau des Haushaltsplans

1. VON DER HAUSHALTSSTELLE ZUM EINZELPLAN

Bisher sind – ausgehend von den Einzelfestlegungen der Haushaltssatzung – die Hauptbestandteile des Haushaltsplans bis hin zur Bildung der Haushaltsstelle als der „kleinsten" Einheit eines Haushaltsplans erläutert worden.

Im folgenden wird, ausgehend von der Haushaltsstelle, der Gesamtaufbau eines Haushaltsplans dargestellt.

Die einzelnen Haushaltsstellen werden zunächst in Einzelplänen (0 bis 9), getrennt nach Verwaltungshaushalt und Vermögenshaushalt, zusammengefaßt.

Der Übersichtlichkeit und Transparenz des Haushaltsplans wegen empfiehlt es sich, für jeden Abschnitt (als Teil des Einzelplans), erforderlichenfalls für jeden Unterabschnitt, eine Seite zu verwenden.

Danach könnte z. B. der Einzelplan 5 – Gesundheit, Sport, Erholung – einer Gemeinde wie folgt gegliedert sein:[1])

1) Alle Haushaltsstellen sind dem Gliederungsplan und dem Gruppierungsplan entsprechend bezeichnet. Alle Zahlen sind konstruiert. Die gewählten Proportionen der Kopfspalten entsprechen nicht denen der amtlichen Vordrucke, da es dem Verfasser insbesondere um die Bezeichnung der Haushaltsstellen geht. Zahlen sind nur für 1991 eingesetzt.

Epl. 5: GESUNDHEIT, SPORT, ERHOLUNG

A. Verwaltungshaushalt (Bl. 1)

Haushaltsstelle		Haushaltsansatz		Ergebnis der Jahres-rechnung	Erläute-rungen
Nr.	Bezeichnung	1991 DM	1990 DM	1989 DM	
1	2	3	4	5	6
	UA 500: Gesundheitsverwaltung				
1.500	Einnahmen				
1.500.100	Verwaltungsgebühren	300			
1.500.150	Sonstige Verwaltg.- u. Betriebseinn.	200			
1.500	Ausgaben				
1.500.414	Dienstbezüge Angestellte	12000			
1.500.444	Beiträge zur gesetzl. SV Angest.	2200			
1.500.650	Bürobedarf	200			
1.500.658	Sonstige Geschäftsausgaben	100			
	Summe UA 500 Einn.	500			
	Ausgaben	14500			
	Überschuß/Zuschuß	./. 14000			
	UA 540: Sonstige Einr. u. Maßnahmen der Gesundheitspflege				
1.540	Einnahmen	0			
1.540	Ausgaben				
1.540.661	Sonstige sächl. Ausgaben (Mitgliedsbeiträge)	50			
1.540.700	Zuschüsse (z. B. DRK)	500			
	Summe UA 540 Einn.	0			
	Ausgaben	550			
	Überschuß/Zuschuß	./. 550			

A: Verwaltungshaushalt (Bl. 2)

Haushaltsstelle		Haushaltsansatz		Ergebnis der Jahres-rechnung 1989 DM	Erläute-rungen
Nr.	Bezeichnung	1991 DM	1990 DM		
1	2	3	4	5	6
	UA 550: Förderung des Sports				
1.550	Einnahmen	0			
1.550	Ausgaben				
1.550.570	Ehrenpreise	300			
1.550.650	Geschäftsausgaben	250			
1.550.700	Zuschüsse an Sportvereine	1000			
	Summe UA 550 Einn.	0			
	Ausgaben	1550			
	Überschuß/Zuschuß	./. 1550			
	UA 560: Eigene Sportstätten				
1.560	Einnahmen				
1.560.110	Benutzungsgebühren	4500			
1.560.140	Mieten	5000			
1.560	Ausgaben				
1.560.415	Dienstbezüge Arbeiter	10000			
1.560.445	Beiträge zur gesetzl. SV Arb.	1800			
1.560.500	Unterhaltung Gebäude	1000			
1.560.510	Unterhaltung Sportplatz	1000			
1.560.520	Unterhaltung d. Inventars	800			
	Summe UA 560 Einn.	9500			
	Ausgaben	14600			
	Überschuß/Zuschuß	./. 5100			

A. Verwaltungshaushalt (Bl. 3)

Haushaltsstelle		Haushaltsansatz		Ergebnis der Jahresrechnung 1989 DM	Erläuterungen
Nr.	Bezeichnung	1991 DM	1990 DM		
1	2	3	4	5	6
	UA 570: Badeanstalt				
1.570	Einnahmen				
1.570.110	Benutzungsgebühren	4000			
1.570.158	Vermischte Einnahmen	100			
1.570	Ausgaben				
1.570.415	Dienstbezüge Arbeiter	10000			
1.570.445	Beiträge zur gesetzl. SV Arb.	1800			
1.570.500	Unterhaltung Gebäude	1000			
1.570.520	Unterhaltung d. Inventars	800			
	Summe UA 570 Einn.	4100			
	Ausgaben	13600			
	Überschuß/Zuschuß	./. 9500			
	UA 580: Park- u. Gartenanlagen				
1.580	Einnahmen				
1.580.110	Benutzungsgebühren für die . . . Anlage	2000			
1.580.140	Pachten für Versorgungseinrichtungen	3000			
1.580	Ausgaben				
1.580.415	Dienstbezüge Arbeiter	20000			
1.580.445	Beiträge zur gesetzl. SV Arb.	3600			
1.580.510	Unterhaltung d. Anlagen	2000			
1.580.520	Unterhaltung Geräte, Bänke	2000			
	Summe UA 580 Einn.	5000			
	Ausgaben	27600			
	Überschuß/Zuschuß	./. 22600			

A. Verwaltungshaushalt (Bl. 4)

Haushaltsstelle		Haushaltsansatz		Ergebnis der Jahresrechnung 1989 DM	Erläuterungen
Nr.	Bezeichnung	1991 DM	1990 DM		
1	2	3	4	5	6
	UA 590: Sonstige Erholungseinrichtungen				
1.590	Einnahmen				
1.590.110	Benutzungsentgelte für ...	1000			
1.590.167	Erstattungen für ...	800			
1.590	Ausgaben				
1.590.500	Unterhaltung des ...	1500			
	Summe UA 590 Einn.	1800			
	Ausgaben	1500			
	Überschuß/Zuschuß	300			
	Summe Epl. 5 — Verw.-haushalt				
	Einnahmen	20900[1])			
	Ausgaben	73900[1])			
	Überschuß/Zuschuß	./. 53000			

1) Endsummen vgl. Gesamtplan, Seite 10

B. Vermögenshaushalt

(Bl. 5)

Haushaltsstelle		Haushaltsansatz			Ergebn. d. Jahresrechnung 1989	Invest. u. Inv.-Förd.-Maßn.		Erläuterungen
Nr.	Bezeichnung	1991 DM	Verpfl.-Ermächt. 1991 DM	1990 DM	DM	Ges.-Ausg.-Bedarf DM	bisher bereitgestellt DM	
1	2	3	4	5	6	7	8	9
	UA 560: Eigene Sportstätten							
2.560	Einnahmen							
2.560.361	Zuweisungen des Landes	20000	0					
2.560.362	Zuweisungen des Kreises	5000	0					
2.560	Ausgaben							
2.560.935	Anschaffung Sportgeräte	20000	5000					
2.560.940	Kanalanschluß ...	8000	3000					
	Summe UA 560 Einn.	25000[1])	0					
	Ausgaben	28000[1])	8000					
	Überschuß/Zuschuß	./. 3000	./. 8000					
	Summe Epl. 5 — Verm.-haushalt							
	Einnahmen	25000[1])	0					
	Ausgaben	28000[1])	8000					
	Überschuß/Zuschuß	./. 3000	./. 8000					

1) Endsummen vgl. Gesamtplan, Seite 10

2. VON DEN EINZELPLÄNEN ZUM GESAMTPLAN

Die Einzelpläne sind neben dem Gesamtplan und den Sammelnachweisen[1]) Bestandteile des Haushaltsplans (§ 2 GemHVO).

Der GESAMTPLAN enthält[2]) (§ 4 GemHVO), das soll hier wiederholt werden:

- eine Zusammenfassung der Einnahmen, Ausgaben und Verpflichtungsermächtigungen der Einzelpläne des Verwaltungs- und des Vermögenshaushalts,
- eine Übersicht über die Einnahmen, Ausgaben und Verpflichtungsermächtigungen, geordnet nach Aufgabenbereichen und Arten (Haushaltsquerschnitt),
- eine Übersicht über die Einnahmen und Ausgaben, geordnet nach Arten (Gruppierungsübersicht),
- eine Finanzierungsübersicht.

Es versteht sich von selbst, daß der Gesamtplan aus den Einzelplänen heraus erarbeitet wird.

Die Aufstellung des Haushaltsplans, angefangen mit den ersten Voranschlägen, beginnt mit der Erarbeitung der Einzelpläne und ihrer einzelnen Haushaltsstellen durch die dafür zuständigen (verantwortlichen) Ressorts.

Dieses Verfahren ist in der im KOVA-Fachverlag erschienenen Broschüre: „Der Kommunale Haushaltsplan – Wie wird er erarbeitet?" beschrieben worden.

Der GESAMTPLAN wird durch die für die Finanzen Verantwortlichen erarbeitet und für die Vorlage an die Gemeindevertretung vorbereitet. Dies ist in der Regel kein einmaliger, sondern ein iterativer Prozeß, da letztlich erst der Gesamtplan auch eine Gesamtbeurteilung des Voranschlags ermöglicht. In der Regel sind aus diesen Erkenntnissen heraus Nachbesserungen nötig, bevor der Haushaltsplan als Ganzes allen Grundsätzen einer geordneten Haushaltswirtschaft entspricht und der Gemeindevertretung ein ausgeglichener Plan vorgelegt werden kann.

2.1. Zusammenfassung nach Einzelplänen

Die Summen aller Einzelpläne werden in die Zusammenfassung der Einnahmen, Ausgaben und Verpflichtungsermächtigungen der Einzelpläne (§ 4 Abs. 1, 1. GemHVO) übertragen.

1) Auf die Sammelnachweise wird hier nicht näher eingegangen (vgl. Stichworterklärung).

2) Alle Bestandteile sind in dieser Broschüre enthalten.

Der Leser findet die eingetragene Summe des als Beispiel konstruierten Einzelplans 5 — Gesundheit, Sport, Erholung — (vgl. Abschn. III. Ziff. 1) im Muster der Zusammenfassung (vgl. Seite 10) wieder. — Vgl. auch Anhang 1 —

D. h.: Die Summen der Einzelpläne müssen mit den Zahlen der Zusammenfassung übereinstimmen oder anderes: die Zahlen der Zusammenfassung ergeben sich aus den addierten Summen der Einzelpläne.

2.2. Haushaltsquerschnitt

An die Erarbeitung der Zusammenfassung der Einzelpläne (Ziff. 2.1) schließt sich die Ausarbeitung der Übersicht über die Einnahmen, Ausgaben und Verpflichtungsermächtigungen, geordnet nach Aufgabenbereichen und Arten (Haushaltsquerschnitt) gemäß § 4 Abs. 1, 2. der GemHVO an.

Der Haushaltsquerschnitt enthält

- vertikal die Aufschlüsselung des Haushaltsplans nach Aufgaben-(Verantwortungs-)Bereichen (**Gliederungs**-Nummern) und
- horizontal die Aufschlüsselung der Einnahmen und Ausgaben nach Arten (Zusammenfassung sachlich zusammengehörender **Gruppierungs**-Nummern).

Entsprechend den Erfordernissen der horizontalen (sachbezogenen) Gliederung ist der Haushaltsquerschnitt unterteilt in eine Zusammenfassung der Einzelpläne 0 bis 8 und — mit veränderten Kopfspalten = horizontaler Gliederung — in den Einzelplan 9 — Allgemeine Finanzen —.

Eine explizite Trennung nach Verwaltungs- und Vermögenshaushalt wird entsprechend seiner Zielfunktion, eine Beurteilung des Haushaltsplans nach Arten seiner Einnahmen und Ausgaben in den einzelnen Aufgabenbereichen sowie der Proportionen zwischen ihnen zu ermöglichen, nicht vorgenommen. Die Einnahmen und Ausgaben des Vermögenshaushalts sind aber an den Gliederungsnummern (3 als erste Ziffer für Einnahmen und 9 als erste Ziffer für Ausgaben) zu erkennen.

Neben den absoluten Zahlen sind auch die jeweiligen Beträge je Einwohner anzugeben. Das ermöglicht einen Vergleich zwischen Gemeinden, auch zwischen Gemeinden unterschiedlicher Größen. Auf Vergleichszahlen zu Vorjahren wird im Haushaltsquerschnitt verzichtet.

Wichtig ist zum Beispiel,

- wie hoch die Personalausgaben oder der sächliche Verwaltungs- und Betriebsaufwand im Verhältnis zu den Gesamteinnahmen oder zu den Steuereinnahmen oder zu den Gesamtausgaben sind,

- wie hoch der Zuschußbedarf der einzelnen Aufgabenbereiche im Verwaltungshaushalt insgesamt ist,
- in welchem Verhältnis investive Maßnahmen (darunter Baumaßnahmen) zum Gesamtaufwand der Gemeinde stehen.

Die entsprechenden Zahlen aus dem konstruierten Einzelplan 5 — Gesundheit, Sport, Erholung — (vgl. Abschn. III Ziffer 1) wurden in den Haushaltsquerschnitt (Anhang 2) eingesetzt. Der Leser kann so die Erarbeitung des Haushaltsquerschnitts nachvollziehen und die Zusammenhänge des Haushaltsplans besser erkennen.

2.3. Gruppierungsübersicht

Nach der Erarbeitung des Haushaltsquerschnitts (vgl. Ziff. 2.2) wird die Gruppierungsübersicht (§ 4 Abs. 1, 4. GemHVO) erarbeitet.

Obwohl die Gruppierungsübersicht keine direkten Bezugspunkte zu Gliederungs-Nummern (und damit zu Einzelplänen = erste Ziffer der Gliederungsnummern, Abschnitten und Unterabschnitten = Aufgabenbereichen) enthält, sind die Einzelpläne auch Grundlage für die Erarbeitung der Gruppierungsübersicht.

Aus den Einzelplänen 0 bis 9 werden die gleichlautenden Gruppierungsnummern (das sind die 3 Ziffern der Haushaltsstelle nach der Gliederungskennziffer) zusammengefaßt und in die Gruppierungsübersicht übertragen.

In das Muster der Gruppierungsübersicht (Anhang 3, Blatt 1 bis 5) wurden einige Zahlen kursiv eingetragen, die dem Leser die Zusammenhänge zwischen Einzelplänen und Gruppierungsübersicht verdeutlichen sollen. Dabei wurde folgendes unterstellt:

Gruppierungs-Nummern		Konstruierter Epl. 5 (vgl. S. 28–32)	Übrige Einzelpl. d. Gemeinde	Summe
Einnahmen				
10, 11, 12:	Gebühren und ähnliche Entgelte	11800	520000	531800
13, 14, 15:	Einn. aus Verkauf, Mieten, Pachten, sonstige Verwaltg.- u. Betriebseinnahmen	8300	410000	418300

Gruppierungs-Nummern		Konstruierter Epl. 5 (vgl. S. 28–32)	Übrige Einzelpl d. Gemeinde	Summe
Ausgaben				
40:	Aufw. f. ehrenamtl. Tätigkeit	0	10000	10000
41:	Dienstbezüge u. dgl.	52000	690000	742000
42, 43:	Versorgung	0	5000	5000
44:	Beiträge zur gesetzl. Versicherung	9400	102000	111400
45:	Beihilfen u. Unterstützungen	0	4000	4000
46:	Personalnebenausgaben	0	3000	3000

Die Zahlen der Gruppierungsübersicht müssen mit den Zahlen gleichlautender Gruppierungsnummern aller Einzelpläne übereinstimmen.

Gleichzeitig gibt es Zusammenhänge zum Haushaltsquerschnitt.

Im Beispiel wurden die angenommenen Ausgaben der Gruppierungsnummern 40 bis 46 addiert ausgewiesen (Anhang 3 Blatt 3). Diese Summe muß mit den Personalausgaben (Gruppierungs-Nr. 40 bis 46, Spalte 5) des Haushaltsquerschnitts (Summe aller Gliederungsnummern) übereinstimmen.

Die Gruppierungsübersicht ermöglicht eine Beurteilung der Finanzkraft der Gemeinde sowie der Einnahmen- und Ausgaben-Struktur ihres Haushaltsplans und, da auch hier die anteiligen Beträge je Einwohner ausgewiesen sind, einen entsprechenden Vergleich zu anderen Gemeinden.

Solche Vergleiche sollen auch zu Schlußfolgerungen zur Verbesserung der Strukturen, zur effizienteren Aufgabenerfüllung, zur Stärkung der Finanzkraft und zur Erfüllung aller Haushaltsgrundsätze anregen.

Zusammenfassung

1. Der Haushaltsplan der Gemeinde ist die Grundlage für die Haushalts- und Wirtschaftsführung der Gemeinde. Er erfaßt alle zur Erfüllung der Aufgaben der Gemeinde notwendigen Ausgaben und Verpflichtungsermächtigungen sowie die zur Deckung der Ausgaben erforderlichen Einnahmen und weist sie nach festgelegten Gliederungsmerkmalen aus.

2. Die Gliederung der Einnahmen und Ausgaben erfolgt entsprechend
   - dem Gliederungsplan nach Verantwortungsbereichen,
   - dem Gruppierungsplan nach Arten der Einnahmen und Ausgaben.

3. Die Anwendung des Gliederungs- und Gruppierungsplans ermöglicht für jede Einnahme und für jede Ausgabe die Bildung einer nach den Grundsätzen des Dezimalsystems aufgebauten Haushaltsstelle als der kleinsten Einheit des Haushaltsplans.

4. Die Ziffern der Haushaltsstelle geben zugleich Auskunft darüber,
   - ob die jeweilige Einnahme bzw. Ausgabe im Verwaltungshaushalt oder im Vermögenshaushalt zu planen ist,
   - in welchen Einzelplan die jeweilige Einnahme bzw. Ausgabe aufzunehmen ist.

5. Die Einzelpläne sind die Grundlage für die Erarbeitung der Bestandteile des Gesamtplans, nämlich
   - der Zusammenfassung der Einnahmen, Ausgaben und Verpflichtungsermächtigungen der Einzelpläne des Verwaltungshaushalts und des Vermögenshaushalts,
   - der Übersicht über die Einnahmen, Ausgaben und Verpflichtungsermächtigungen, geordnet nach Aufgabenbereichen und Art (Haushaltsquerschnitt),
   - der Übersicht über die Einnahmen und Ausgaben, geordnet nach Arten (Gruppierungsübersicht),
   - der Finanzierungsübersicht.

6. Der Gesamtplan ist die Grundlage für die Ausarbeitung der Haushaltssatzung, mit deren Bestätigung durch die Gemeindevertretung der Haushaltsplan seinen Charakter als verbindliche Rechtsnorm erhält.

7. Alle Bestandteile des Haushaltsplans sind für die Haushaltsausführung, für die Buchführung sowie für die Abrechnung des Haushaltsplans (Jahresrechnung) verbindlich.

Anhang

Anhang 1
Muster zu § 4 Nr. 1 GemHVO

Gesamtplan

1. Zusammenfassung der Einnahmen, Ausgaben und Verpflichtungsermächtigungen DM

Einzelplan		Haushaltsansatz 1991			Haushaltsansatz 1990		Ergebnisse der Jahresrechnung 1989	
Nr.	Bezeichnung	Einnahmen	Ausgaben	Verpflichtungserm.	Einnahmen	Ausgaben	Einnahmen	Ausgaben
1	2	3	4	5	6	7	8	9
	Verwaltungshaushalt							
0	Allgemeine Verwaltung							
1	Öffentliche Sicherheit und Ordnung							
2	Schulen							
3	Wissenschaft, Forschung, Kulturpflege							
4	Soziale Sicherung							
5	Gesundheit, Sport, Erholung	20900	73900					
6	Bau-und Wohnungswesen, Verkehr							
7	Öffentliche Einrichtungen, Wirtschaftsförderung							
8	Wirtschaftliche Unternehmen, allgemeines Grund- und Sondervermögen							
9	Allgemeine Finanzwirtschaft							
0–9	Zusammen	2485500	2485500					
	Vermögenshaushalt							
0	Allgemeine Verwaltung							
1	Öffentliche Sicherheit und Ordnung							
2	Schulen							
3	Wissenschaft, Forschung, Kulturpflege							
4	Soziale Sicherung							
5	Gesundheit, Sport, Erholung	25000	28000	8000				
6	Bau- und Wohnungswesen, Verkehr							
7	Öffentliche Einrichtungen, Wirtschaftsförderung							
8	Wirtschaftliche Unternehmen, allgemeines Grund- und Sondervermögen							
9	Allgemeine Finanzwirtschaft							
0–9	Zusammen	950000	950000	500000				
	Gesamthaushalt	3435500	3435500	500000				

Anhang 2
Muster zu § 4 Nr. 2 GmHVO
— Blatt 1 —

Gesamtplan

2. Haushaltsquerschnitt
a) DM
b) DM je Einwohner

A: Einzelpläne 0—8

Gldg. Nr.	Aufgabenbereich	Einnahmen aus Verwaltung und Betrieb	Sonstige Finanz-einnahmen	Personal-ausgaben	Sächl. Verw. u. Betriebs-aufwand, weitere Finanz-ausgaben	Zuweisun-gen und Zuschüsse	Zuschuß-bedarf (Sp. 3+4 ./. 5 bis 7)	Objekt-bezogene Einnahmen des Vermögens-haushalts	Baumaß-nahmen	Sonstige Investi-tions-ausgaben	Verpflich-tungs-ermäch-tigung
	Gruppierungs-Nr.	0—17	20—22, 24—26, 28	40—46	50—68, 84	70—78	—	32—36	94—96	92, 93, 98, 991	—
1	2	3	4	5	6	7	8	9	10	11	12
00	Gemeindeorgane										
01	Rechnungsprüfung										
↓	↓										
50	Gesundheitsverwaltg.	500	0	14200	300	0	14000	0	0	0	0
54	Sonst. Einr. u. Maßn. d. Gesundheitsfürsorge	0	0	0	50	500	550	0	0	0	0
55	Förderung des Sports	0	0	0	550	1000	1550	0	0	0	0
56	Eigene Sportstätten	9500	0	11800	2800	0	5100	25000	8000	20000	8000
57	Badeanstalten	4100	0	11800	1800	0	9500	0	0	0	0
58	Park- u. Gartenanlagen	5000	0	23600	4000	0	22600	0	0	0	0
59	Sonst. Erholungseinr.	1800	0	0	1500	0	+ 300	0	0	0	0
↓	↓										
89	Allgemeines Sondervermögen										
	Summe			875400[1]							

1) Vgl. Seite 35 Abschn. 40—46.

Anhang 2
– Blatt 2 –

B: Einzelplan 9

Gldg. Nr.	Aufgabenbereich	Steuern und allgemeine Zuweisungen	Sonstige Finanz-einnahmen	Deckungs-reserve	Sonstige Finanz-ausgaben	Überschuß (Sp. 3+4 ./. 5+6)	Sonstige Einnahmen des Vermögens-haushalts	Sonstige Ausgaben des Vermögens-haushalts
	Gruppierungs-Nr.	00–07, 081	20, 23, 26–28	47, 85	80–84, 86, 89	–	30, 31, 36, 37	90, 91, 97, 99
1	2	3	4	5	6	7	8	9
90	Steuern, Allgemeine Zuweisungen und Umlagen							
91	Sonstige allgemeine Finanzwirtschaft							
92	Abwicklung der Vorjahre							

Anhang 3
– Blatt 1 –

Muster zu § 4 Nr. 3 GemHVO

Gesamtplan
3. Gruppierungsübersicht
DM

Gruppierungs-Nr.			Bezeichnung	Haushaltsplan 1991 DM	DM je Einwohner
			Einnahmen		
0			**Steuern, allgemeine Zuweisungen**		
		000	Grundsteuer A		
		001	Grundsteuer B		
		003	Gewerbesteuer nach Ertrag und Kapital		
	01		Gemeindeanteil an der Einkommensteuer		
	02, 03		Andere Steuern und steuerähnliche Einnahmen		
	04		Schlüsselzuweisungen		
		041	vom Land		
		042	von Gemeinden und Gemeindeverbänden		
	05		Bedarfszuweisungen		
		051	vom Land		
		052	von Gemeinden und Gemeindeverbänden		
	06		Sonstige allgemeine Zuweisungen		
		060	vom Bund		
		061	vom Land		
		062	von Gemeinden und Gemeindeverbänden		
	07		Allgemeine Umlagen		
		072	von Gemeinden und Gemeindeverbänden		
		081	Spitzenausgleich für den Wegfall der Lohnsummensteuer		
1			**Einnahmen aus Verwaltung und Betrieb**		
	10, 11, 12		Gebühren und ähnliche Entgelte, zweckgebundene Abgaben	*531 800*	
	13, 14, 15		Einnahmen aus Verkauf, Mieten, Pachten, sonstige Verwaltungs- und Betriebseinnahmen	*418 300*	
	16		Erstattungen von Ausgaben des Verwaltungshaushalts		
		160	vom Bund, LAF, ERP-Sondervermögen		
		161	vom Land		
		162	von Gemeinden und Gemeindeverbänden		
		163	von Zweckverbänden u. dgl.		

Anhang 3 — Blatt 2 —

Gruppierungs-Nr.			Bezeichnung	Haushaltsplan 1991 DM	DM je Einwohner
		164	vom sonstigen öffentlichen Bereich		
		165	von öffentlichen wirtschaftlichen Unternehmen		
		166	von privaten Unternehmen		
		167	von übrigen Bereichen		
		169	innere Verrechnungen		
	17		Zuweisungen und Zuschüsse für laufende Zwecke		
		170	vom Bund, LAF, ERP-Sondervermögen		
		171	vom Land		
		172	von Gemeinden und Gemeindeverbänden		
		173	von Zweckverbänden u. dgl.		
		174	vom sonstigen öffentlichen Bereich		
		175	von öffentlichen wirtschaftlichen Unternehmen		
		176	von privaten Unternehmen		
		177	von übrigen Bereichen		
2			**Sonstige Finanzeinnahmen**		
	20		Zinseinnahmen		
		200	vom Bund, LAF, ERP-Sondervermögen		
		201	vom Land		
		202	von Gemeinden und Gemeindeverbänden		
		203	von Zweckverbänden u. dgl.		
		204	vom sonstigen öffentlichen Bereich		
		205, 206, 207	von unternehmerischen und übrigen Bereichen		
		209	aus inneren Darlehen		
	21, 22		Gewinnanteile von wirtschaftlichen Unternehmen und aus Beteiligungen, Konzessionsabgaben		
	23		Schuldendiensthilfen		
		230	vom Bund, LAF, ERP-Sondervermögen		
		231	vom Land		
		232	von Gemeinden und Gemeindeverbänden		
		233	von Zweckverbänden u. dgl.		
		234	vom sonstigen öffentlichen Bereich		
		235, 236, 237	von unternehmerischen und übrigen Bereichen		

Anhang 3 — Blatt 3 —

Gruppierungs-Nr.			Bezeichnung	Haushaltsplan 1991 DM	DM je Einwohner
	24, 25		Ersatz von sozialen Leistungen außerhalb und in Einrichtungen		
	26		Weitere Finanzeinnahmen		
	27		Kalkulatorische Einnahmen		
	28		Zuführungen vom Vermögenshaushalt		
3			**Einnahmen des Vermögenshaushalts**		
	30		Zuführung vom Verwaltungshaushalt		
	31		Entnahmen aus Rücklagen		
	32		Rückflüsse von Darlehen		
		320	vom Bund, LAF, ERP-Sondervermögen		
		321	vom Land		
		322	von Gemeinden und Gemeindeverbänden		
		323	von Zweckverbänden u. dgl.		
		324	vom sonstigen öffentlichen Bereich		
		325, 326, 327	von unternehmerischen und übrigen Bereichen		
	33		Einnahmen aus der Veräußerung von Beteiligungen und Rückflüsse von Kapitaleinlagen		
	34		Einnahmen aus der Veräußerung von Sachen des Anlagevermögens		
	35		Beiträge und ähnliche Entgelte		
	36		Zuweisungen und Zuschüsse für Investitionen und Investitionsförderungsmaßnahmen		
		360	vom Bund, LAF, ERP-Sondervermögen		
		361	vom Land		
		362	von Gemeinden und Gemeindeverbänden		
		363	von Zweckverbänden u. dgl.		
		364	vom sonstigen öffentlichen Bereich		
		365, 366, 367	von unternehmerischen und übrigen Bereichen		
	37		Einnahmen aus Krediten und inneren Darlehen		
		370	vom Bund, LAF, ERP-Sondervermögen		
		371	vom Land		
		372	von Gemeinden und Gemeindeverbänden		
		373	von Zweckverbänden u. dgl.		

Anhang 3 — Blatt 4 —

Gruppierungs-Nr.			Bezeichnung	Haushaltsplan 1991 DM	DM je Einwohner
		374	vom sonstigen öffentlichen Bereich		
		377	vom Kreditmarkt ohne Umschuldungen	350000	
		378	vom Kreditmarkt für Umschuldungen		
		379	innere Darlehen		
			Gesamteinnahmen	*3435500*	
			Ausgaben		
4			**Personalausgaben**		
	40		Aufwendungen für ehrenamtliche Tätigkeit	*10000*	
	41		Dienstbezüge u. dgl.	*742000*	
	42, 43		Versorgung	*5000*	
	44		Beiträge zur gesetzlichen Sozialversicherung	*111400*	
	45		Beihilfen und Unterstützungen	*4000*	
	46		Personalnebenausgaben	*3000*	
	47		Deckungsreserve für Personalausgaben	*0*	
			40—46	875400	
5/6			**Sächlicher Verwaltungs- und Betriebsaufwand**		
	50, 51		Unterhaltung der Grundstücke und baulichen Anlagen und des sonstigen unbeweglichen Vermögens		
	52		Geräte, Ausstattungs- und Ausrüstungsgegenstände, sonstige Gebrauchsgegenstände		
	53		Mieten und Pachten		
	54		Bewirtschaftung der Grundstücke, baulichen Anlagen usw.		
	55		Haltung von Fahrzeugen		
	56, 57/63		Besondere Aufwendungen für Bedienstete, weitere Verwaltungs- und Betriebsausgaben		
		639	Schülerbeförderungskosten		
	64, 65, 66		Steuern, Geschäftsausgaben u. a.		
	67		Erstattungen von Ausgaben des Verwaltungshaushalts		
		670	an Bund, LAF, ERP-Sondervermögen		
		671	an Land		
		672	an Gemeinden und Gemeindeverbände		
		673	an Zweckverbände u. dgl.		

Anhang 3 — Blatt 5 —

Gruppierungs-Nr.			Bezeichnung	Haushaltsplan 1991 DM	DM je Einwohner
		674	an sonstigen öffentlichen Bereich		
		675, 676, 677	an unternehmerische und übrige Bereiche		
		679	innere Verrechnungen		
	68		Kalkulatorische Kosten		
7			**Zuweisungen und Zuschüsse** (nicht für Investitionen)		
	70		Zuschüsse für lfd. Zwecke an soziale oder ähnliche Einrichtungen		
	71		Zuweisungen und sonstige Zuschüsse für laufende Zwecke		
		710	an Bund, LAF, ERP-Sondervermögen		
		711	an Land		
		712	an Gemeinden und Gemeindeverbände		
		713	an Zweckverbände u. dgl.		
		714	an sonstigen öffentlichen Bereich		
		715, 716	an öffentliche wirtschaftliche und private Unternehmen		
		717	an übrige Bereiche		
	72		Schuldendiensthilfen		
		722	an Gemeinden und Gemeindeverbände		
		723	an Zweckverbände u. dgl.		
		725, 726	an öffentliche wirtschaftliche und private Unternehmen		
		727	an übrige Bereiche		
	73, 74, 75, 76, 77, 78		Leistungen der Sozialhilfe u. ä.		
8			**Sonstige Finanzausgaben**		
	80		Zinsausgaben		
		800	an Bund, LAF, ERP-Sondervermögen		
		801	an Land		
		802	an Gemeinden und Gemeindeverbände		
		803	an Zweckverbände u. dgl.		
		804	an sonstigen öffentlichen Bereich		
		808	Kreditmarkt		
		809	innere Darlehen		

Anhang 3 — Blatt 6 —

Gruppierungs-Nr.		Bezeichnung	Haushaltsplan 1991 DM	DM je Einwohner
81		Steuerbeteiligungen		
	810	Gewerbesteuerumlage		
82		Allgemeine Zuweisungen		
	822	an Gemeinden und Gemeindeverbände		
	823	an Zweckverbände u. dgl.		
83		Allgemeine Umlagen		
	831	an Land		
	832	an Gemeinden und Gemeindeverbände		
	833	an Zweckverbände u. dgl.		
84		Weitere Finanzausgaben		
85		Deckungsreserve		
86		Zuführung zum Vermögenshaushalt		
	892	Deckung von Soll-Fehlbeträgen des Verwaltungshaushalts		
9		**Ausgaben des Vermögenshaushalts**		
90		Zuführungen zum Verwaltungshaushalt		
91		Zuführungen an Rücklagen		
92		Gewährung von Darlehen		
	920	an Bund, LAF, ERP-Sondervermögen		
	921	an Land		
	922	an Gemeinden und Gemeindeverbände		
	923	an Zweckverbände u. dgl.		
	924	an sonstigen öffentlichen Bereich		
	925	an öffentliche wirtschaftliche Unternehmen		
	926	an private Unternehmen		
	927	an übrige Bereiche		
93		Vermögenserwerb		
	930	Erwerb von Beteiligungen, Kapitaleinlagen		
	932	Erwerb von Grundstücken		
	935	Erwerb von beweglichen Sachen des Anlagevermögens		
94, 95, 96		Baumaßnahmen		
97		Tilgung von Krediten, Rückzahlung von inneren Darlehen		
	970	an Bund, LAF, ERP-Sondervermögen		
	971	an Land		

Anhang 3 — Blatt 7 —

Gruppierungs-Nr.		Bezeichnung	Haushaltsplan 1991 DM	DM je Einwohner
	972	an Gemeinden und Gemeindeverbände		
	973	an Zweckverbände u. dgl.		
	974	an sonstigen öffentlichen Bereich		
	977	Kreditmarkt, ordentliche Tilgung		
	978	Kreditmarkt, außerordentliche Tilgung und Umschuldungen		
	979	innere Darlehen		
98		Zuweisungen und Zuschüsse für Investitionen		
	980	an Bund, LAF, ERP-Sondervermögen		
	981	an Land		
	982	an Gemeinden und Gemeindeverbände		
	983	an Zweckverbände u. dgl.		
	984	an sonstigen öffentlichen Bereich		
	985	an öffentliche wirtschaftliche Unternehmen		
	986	an private Unternehmen		
	987	an übrige Bereiche		
99		Sonstige Ausgaben des Vermögenshaushalts		
	990	Kreditbeschaffungskosten		
	991	Ablösung von Dauerlasten		
	992	Deckung von Soll-Fehlbeträgen des Vermögenshaushalts		
		Gesamtausgaben	*3435500*	

Anhang 4
Muster zu § 4 Nr. 4 GemHVO

Gesamtplan
4. Finanzierungsübersicht
1000 DM

	Haushaltsplan 1991
A. Finanzierungssaldo	
1. Gesamteinnahmen	3435,5
2. Einnahmen aus besonderen Finanzierungsvorgängen (Nrn. 9.1, 10.1, 11.1)	350,0
3. Differenz	3085,5
4. Gesamtausgaben	3435,5
5. Ausgaben aus besonderen Finanzierungsvorgängen (Nrn. 8, 9.2, 10.2, 11.2)	–
6. Differenz	3435,5
7. Saldo (Nrn. 3 ./. 6)	./. 350,0
B. Besondere Finanzierungsvorgänge	
8. Ausgaben zur Deckung von Fehlbeträgen (./.)	–
9.1 Entnahmen aus Rücklagen	–
9.2 Zuführungen zu Rücklagen	–
9.3 Differenz	–
10.1 Einnahmen aus Krediten	350,0
10.2 Tilgung von Krediten	–
10.3 Differenz	350,0
11.1 Einnahmen aus inneren Darlehen	–
11.2 Rückzahlung von inneren Darlehen	–
11.3 Differenz	–
12. Saldo besondere Finanzierungsvorgänge (Nrn. 8, 9.3, 10.3, 11.3)	350,0

C. Nachrichtlich: Kredite vom Kreditmarkt

13.1 Einnahmen	350,0
13.2 Tilgung	
13.3 Saldo	

Anhang 5

Gliederungsplan für die Haushalte der Gemeinden und Gemeindeverbände

Bezeichnung der Einzelpläne

0 Allgemeine Verwaltung
1 Öffentliche Sicherheit und Ordnung
2 Schulen
3 Wissenschaft, Forschung, Kulturpflege
4 Soziale Sicherung
5 Gesundheit, Sport, Erholung
6 Bau- und Wohnungswesen, Verkehr
7 Öffentliche Einrichtungen, Wirtschaftsförderung
8 Wirtschaftliche Unternehmen, allgemeines Grund- und Sondervermögen
9 Allgemeine Finanzwirtschaft

Einzel-plan	Abschnitt	Unter-abschnitt	Bezeichnung
0			**Allgemeine Verwaltung**
	00		Gemeindeorgane
	01		Rechnungsprüfung
	02		Hauptverwaltung
	03		Finanzverwaltung
	05		Besondere Dienststellen der allgemeinen Verwaltung
	06		Einrichtungen für die gesamte Verwaltung
	08		Einrichtungen für Verwaltungsangehörige
1			**Öffentliche Sicherheit und Ordnung**
	10		Polizei
	11		Öffentliche Ordnung
	13		Feuerschutz
	14		Katastrophenschutz
	15		Verteidigungslasten-Verwaltung
	16		Rettungsdienst
2			**Schulen**
	20		Schulverwaltung
	21		Grund- und Hauptschulen
		210	Grundschulen
		215	Hauptschulen
	22		Realschulen
	23		Gymnasien
	24		Berufsbildende Schulen
	25		Fachschulen

Anhang 5 — Blatt 2 —

Einzel-plan	Abschnitt	Unter-abschnitt	Bezeichnung
	26		Fachoberschulen
	27		Sonderschulen
	28		Gesamtschulen
	29		Sonstiges
		292	Übrige schulische Aufgaben
3			**Wissenschaft, Forschung, Kulturpflege**
	30		Verwaltung kultureller Angelegenheiten
	31		Wissenschaft und Forschung
		310	Wissenschaftliche Museen und Sammlungen
		311	Wissenschaftliche Bibliotheken
		312	Sonstige Wissenschaft und Forschung
	32		Museen, Sammlungen, Ausstellungen
	33		Theater, Konzerte, Musikpflege
	34		Sonstige Kunstpflege
	35		Volksbildung
		350	Volkshochschulen
		352	Öffentliche Büchereien
		355	Sonstige Volksbildung
	36		Heimatpflege
	37		Kirchen
			Soziale Sicherung
	40		Verwaltung der sozialen Angelegenheiten
		400	Allg. Sozialverwaltung (ohne Jugendhilfeverwaltung, Lastenausgleichsverwaltung und Versicherungsamt)
		407	Verwaltung der Jugendhilfe
		408	Versicherungsamt
		409	Lastenausgleichsverwaltung
	41		Sozialhilfe nach dem BSHG
	42		nicht belegt
	43		Einrichtungen der Sozialhilfe und der Kriegsopferfürsorge
	44		Kriegsopferfürsorge und ähnliche Maßnahmen
	45		Jugendhilfe nach dem JWG
	46		Einrichtungen der Jugendhilfe
		460	Kindergärten
		465	Sonstige Einrichtungen der Jugendhilfe
	47		Förderung von anderen Trägern der Wohlfahrtspflege und Jugendhilfe
		470	Förderung der Wohlfahrtspflege
		475	Förderung der Jugendhilfe
	48		Weitere soziale Bereiche
		487	Hilfe für Heimkehrer und politische Häftlinge
	49		Sonstige soziale Angelegenheiten

Anhang 5 — Blatt 3 —

Einzelplan	Abschnitt	Unterabschnitt	Bezeichnung
5			**Gesundheit, Sport, Erholung**
	50		Gesundheitsverwaltung
	51		Krankenhäuser
	54		Sonstige Einrichtungen und Maßnahmen der Gesundheitspflege
	55		Förderung des Sports
	56		Eigene Sportstätten
	57		Badeanstalten
	58		Park- und Gartenanlagen
	59		Sonstige Erholungseinrichtungen
6			**Bau- und Wohnungswesen, Verkehr**
	60		Bauverwaltung
	61		Städteplanung, Vermessung, Bauordnung
	62		Wohnungsbauförderung und Wohnungsfürsorge
	63		Gemeindestraßen
	65		Kreisstraßen
	66		Bundes- und Landesstraßen
	67		Straßenbeleuchtung und -reinigung
		670	Straßenbeleuchtung
		675	Straßenreinigung
	68		Parkeinrichtungen
	69		Wasserläufe, Wasserbau
7			**Öffentliche Einrichtungen, Wirtschaftsförderung**
	70		Abwasserbeseitigung
	72		Abfallbeseitigung
	73		Märkte
	74		Schlacht- und Viehhöfe
	75		Bestattungswesen
	76		Sonstige öffentliche Einrichtungen
	77		Hilfsbetriebe der Verwaltung
	78		Förderung der Land- und Forstwirtschaft
	79		Fremdenverkehr, Sonstige Förderung von Wirtschaft und Verkehr
8			**Wirtschaftliche Unternehmen, allgemeines Grund- und Sondervermögen**
	80		Verwaltung der wirtschaftlichen Unternehmen
	81		Versorgungsunternehmen
		810	Elektrizitätsversorgung
		813	Gasversorgung

Anhang 5 — Blatt 4 —

Einzelplan	Abschnitt	Unterabschnitt	Bezeichnung
		815	Wasserversorgung
		816	Fernwärmeversorgung
		817	Kombinierte Versorgungsunternehmen
	82		Verkehrsunternehmen
	83		Kombinierte Versorgungs- und Verkehrsunternehmen
	84		Unternehmen der Wirtschaftsförderung
	85		Land- und forstwirtschaftliche Unternehmen
	86		Kur- und Badebetriebe
	87		Sonstige wirtschaftliche Unternehmen
	88		Allgemeines Grundvermögen
	89		Allgemeines Sondervermögen
9			**Allgemeine Finanzwirtschaft**
	90		Steuern, allgemeine Zuweisungen und allgemeine Umlagen
	91		Sonstige allgemeine Finanzwirtschaft
	92		Abwicklung der Vorjahre

Anhang 6

Gruppierungsplan für die Haushalte der Gemeinden und Gemeindeverbände

Bezeichnung der Hauptgruppen

Einnahmen

0 Steuern, allgemeine Zuweisungen
1 Einnahmen aus Verwaltung und Betrieb
2 Sonstige Finanzeinnahmen
3 Einnahmen des Vermögenshaushalts

Ausgaben

4 Personalausgaben
5/6 Sächlicher Verwaltungs- und Betriebsaufwand
7 Zuweisungen und Zuschüsse (nicht für Investitionen)
8 Sonstige Finanzausgaben
9 Ausgaben des Vermögenshaushalts

Hauptgruppe	Gruppe	Untergruppe	Bezeichnung
0			**Steuern, allgemeine Zuweisungen**
	00		Realsteuern
		000	Grundsteuer A
		001	Grundsteuer B
		003	Gewerbesteuer nach Ertrag und Kapital
	01		Gemeindeanteil an der Einkommensteuer
	02		Andere Steuern
		020	Vergnügungssteuer für die Vorführung von Bildstreifen
		021	sonstige Vergnügungssteuer
		022	Hundesteuer
		024	Grunderwerbsteuer, Zuschlag zur Grunderwerbsteuer
		026	Jagdsteuer
		027	Sonstige Steuern
	03		Steuerähnliche Einnahmen
		030	Fremdenverkehrsabgabe
		031	Abgaben von Spielbanken
		032	sonstige steuerähnliche Einnahmen
	04*		Schlüsselzuweisungen
	05*		Bedarfszuweisungen
	06*		Sonstige allgemeine Zuweisungen
	07*		Allgemeine Umlagen
		081	Spitzenausgleich für den Wegfall der Lohnsummensteuer

Anhang 6 — Blatt 2 —

Haupt-gruppe	Gruppe	Unter-gruppe	Bezeichnung
1			**Einnahmen aus Verwaltung und Betrieb**
	10		Verwaltungsgebühren
	11		Benutzungsgebühren und ähnliche Entgelte
	12		Zweckgebundene Abgaben
	13		Einnahmen aus Verkauf
	14		Mieten
	15		Sonstige Verwaltungs- und Betriebseinnahmen
		158	Verrechnungseinnahmen des Verwaltungshaushalts
		159	Mehrwertsteuer
	16*		Erstattungen von Ausgaben des Verwaltungshaushalts
	17*		Zuweisungen und Zuschüsse für laufende Zwecke
2			**Sonstige Finanzeinnahmen**
	20*		Zinseinnahmen
	21		Gewinnanteile von wirtschaftlichen Unternehmen und aus Beteiligungen
	22		Konzessionsabgaben
	23*		Schuldendiensthilfen
	24		Ersatz von sozialen Leistungen außerhalb von Einrichtungen
	25		Ersatz von sozialen Leistungen in Einrichtungen
	26		Weitere Finanzeinnahmen
	27		Kalkulatorische Einnahmen
		270	Abschreibungen
		275	Verzinsung des Anlagekapitals
	28		Zuführungen vom Vermögenshaushalt
	29		Abwicklung der Vorjahre
3			**Einnahmen des Vermögenshaushalts**
	30		Zuführung vom Verwaltungshaushalt
	31		Entnahmen aus Rücklagen
	32*		Rückflüsse von Darlehen
	33		Einnahmen aus der Veräußerung von Beteiligungen und Rückflüsse von Kapitaleinlagen
	34		Einnahmen aus der Veräußerung von Sachen des Anlagevermögens
		340	Grundstücke
		345	bewegliche Sachen
	35		Beiträge und ähnliche Entgelte
	36*		Zuweisungen und Zuschüsse für Investitionen und Investitionsförderungsmaßnahmen

Anhang 6 — Blatt 3 —

Haupt-gruppe	Gruppe	Unter-gruppe	Bezeichnung
	37**		Einnahmen aus Krediten und inneren Darlehen
	39		Abwicklung der Vorjahre
4			**Personalausgaben**
	40		Aufwendungen für ehrenamtliche Tätigkeit
	41		Dienstbezüge u. dgl.
		410	Beamte
		414	Angestellte
		415	Arbeiter
		416	Beschäftigungsentgelte und dgl.
	42		Versorgungsbezüge und dgl.
		420	Beamte
		424	Angestellte
		425	Arbeiter
		428	Sonstige
	43		Beiträge zu Versorgungskassen
		430	Beamte
		434	Angestellte
		435	Arbeiter
		438	Sonstige
	44		Beiträge zur gesetzlichen Sozialversicherung
		444	Angestellte
		445	Arbeiter
		448	Sonstige
	45		Beihilfen, Unterstützungen und dgl.
	46		Personal-Nebenausgaben
	47		Deckungsreserve für Personalausgaben
5/6			**Sächlicher Verwaltungs- und Betriebsaufwand**
	50		Unterhaltung der Grundstücke und baulichen Anlagen
	51		Unterhaltung des sonstigen unbeweglichen Vermögens
	52		Geräte, Ausstattungs- und Ausrüstungsgegenstände, sonstige Gebrauchsgegenstände
	53		Mieten und Pachten
	54		Bewirtschaftung der Grundstücke, bauliche Anlagen usw.
	55		Haltung von Fahrzeugen
	56		Besondere Aufwendungen für Bedienstete
	57/63		Weitere Verwaltungs- und Betriebsausgaben
		639	Schülerbeförderungskosten
	64		Steuern, Versicherungen, Schadensfälle
	65		Geschäftsausgaben
	66		Weitere allgemeine sächliche Ausgaben
		660	Verfügungsmittel
		661	Sonstige

Anhang 6 — Blatt 4 —

Haupt-gruppe	Gruppe	Unter-gruppe	Bezeichnung
	67*		Erstattungen von Ausgaben des Verwaltungshaushalts
	68		Kalkulatorische Kosten
		680	Abschreibungen
		685	Verzinsung des Anlagekapitals
7			**Zuweisungen und Zuschüsse** (nicht für Investitionen)
	70		Zuschüsse für laufende Zwecke an soziale oder ähnliche Einrichtungen
	71*		Zuweisungen und sonstige Zuschüsse für laufende Zwecke
	72*		Schuldendiensthilfen
	73		Leistungen der Sozialhilfe an natürliche Personen außerhalb von Einrichtungen
	74		Leistungen der Sozialhilfe an natürliche Personen in Einrichtungen
	75		Leistungen an Kriegsopfer und ähnliche Anspruchsberechtigte
	76		Leistungen der Jugendhilfe außerhalb von Einrichtungen
	77		Leistungen der Jugendhilfe in Einrichtungen
	78		Sonstige soziale Leistungen
8			**Sonstige Finanzausgaben**
	80**		Zinsausgaben
	81		Steuerbeteiligungen
		810	Gewerbesteuerumlage
	82*		Allgemeine Zuweisungen
	83*		Allgemeine Umlagen
	84		Weitere Finanzausgaben
	85		Deckungsreserve
	86		Zuführung zum Vermögenshaushalt
	89		Abwicklung der Vorjahre
		892	Deckung von Soll-Fehlbeträgen des Verwaltungshaushalts
		895	frei für abschlußtechnische Vorgänge
9			**Ausgaben des Vermögenshaushalts**
	90		Zuführungen zum Verwaltungshaushalt
	91		Zuführungen an Rücklagen
	92*		Gewährung von Darlehen
	93		Vermögenserwerb
		930	Erwerb von Beteiligungen, Kapitaleinlagen
		932	Erwerb von Grundstücken
		935	Erwerb von beweglichen Sachen des Anlagevermögens
	94, 95, 96		Baumaßnahmen
	97**		Tilgung von Krediten, Rückzahlung von inneren Darlehen
	98*		Zuweisungen und Zuschüsse für Investitionen
	99		Sonstiges
		990	Kreditbeschaffungskosten
		991	Ablösung von Dauerlasten
		992	Deckung von Soll-Fehlbeträgen
		995	frei für abschlußtechnische Vorgänge

Anmerkung: Bei den mit * oder ** gekennzeichneten Gruppen sind zum Nachweis der Zahlungsströme Untergruppen nach den Regeln der Nr. 5.3 der Verwaltungsvorschriften zu bilden.

Begriffserläuterungen

Begriffserläuterungen

(→ Stichwortverweis)

Abschnitt: Teil eines → Einzelplans entsprechend dem → **Gliederungs**plan.

Der Abschnitt, dessen erste seiner beiden Ziffern die des → Einzelplanes ist, bezeichnet Einnahmen und Ausgaben einzelner **abgegrenzter Aufgabenbereiche** (Funktionen).

Abschnitte fassen also vergleichbare Aufgaben innerhalb der → Einzelpläne soweit wie möglich zusammen. Die Ziffern der Abschnitte sind **nach** der besonderen Kennziffer 1 bzw. 2 (Verwaltungshaushalt bzw. Vermögenshaushalt) die ersten beiden Ziffern der Haushaltsstelle.

Beispiele:

Epl.	0	– Allgem. Verwaltung
Abschn.	00	– Gemeindeorgane
Abschn.	01	– Rechnungsprüfung
Abschn.	02	– Hauptverwaltung
.		
.		
.		
Epl.	7	– Öfftl. Einrichtungen, Wirtschaftsförderung
Abschn.	70	– Abwasserbeseitigung
Abschn.	72	– Abfallbeseitigung
Abschn.	73	– Märkte
Abschn.	74	– Schlacht- und Viehhöfe
.		
.		
.		

Deckungsfähigkeit: Die im Haushaltsplan veranschlagten Mittel müssen so bewirtschaftet werden (§ 26 GemHVO), daß sie zur Deckung aller Ausgaben ausreichen, die innerhalb des Haushaltsjahres unter der betreffenden Zweckbindung zu leisten sind. Am Jahresende nicht verbrauchte Mittel gelten als erspart, soweit nicht eine

→ echte Deckungsfähigkeit

→ unechte Deckungsfähigkeit

→ zeitliche Übertragbarkeit

vorliegt.

Echte Deckungsfähigkeit: Das ist die Berechtigung, Mehrausgaben bei einer Haushaltsstelle durch Einsparungen (Minderausgaben) bei einer anderen Haushaltsstelle auszugleichen. Man unterscheidet zwischen **gegenseitiger** und **einseitiger** Deckungsfähigkeit.

Beispiele für **gegenseitige Deckungsfähigkeit:**

- § 18 (1) GemHVO erklärt die Personalausgaben für gegenseitig deckungsfähig, soweit im Haushaltsplan nichts anderes bestimmt wird. Man spricht in diesen Fällen von der geborenen Deckungsfähigkeit.
- § 18 (2) GemHVO läßt zu, daß mit Ausnahme der Verfügungsmittel die Ausgaben im Verwaltungshaushalt dann für gegenseitig deckungsfähig erklärt werden können, wenn sie sachlich eng zusammenhängen. Sie werden also in der GemHVO nicht im einzelnen benannt. Diese Art der gegenseitigen Deckungsfähigkeit erfordert ihre Anordnung durch einen Haushaltsvermerk im Haushaltsplan und wird als gekorene Deckungsfähigkeit bezeichnet.

Beispiel für **einseitige Deckungsfähigkeit:**

- Nach § 18 (2) der GemHVO können Ausgaben des Verwaltungshaushalts mit Ausnahme der Verfügungsmittel auch für einseitig deckungsfähig erklärt werden, wenn sie sachlich eng zusammenhängen. D. h.: es können nur die Mittel eines Ausgabeansatzes zur Deckung von Mehrausgaben eines anderen Ansatzes in Anspruch genommen werden, nicht aber umgekehrt. Wenn z. B. der Ansatz der → Haushaltsstelle A deckungsberechtigt und der Ansatz der → Haushaltsstelle B deckungsverpflichtet ist, können nicht evtl. eintretende Mehrausgaben der Stelle B durch Minderausgaben der Stelle A ausgeglichen werden. Auch diese ausschließlich auf den Verwaltungshaushalt beschränkte einseitige Deckungsfähigkeit setzt einen Haushaltsvermerk voraus und wird deshalb ebenfalls als gekorene Deckungsfähigkeit bezeichnet.

Es versteht sich von selbst, daß in allen Fällen von der Deckungsfähigkeit Gebrauch gemacht werden kann, wenn beim deckungspflichtigen Ansatz Einsparungen vorhanden und beim deckungsberechtigten Ansatz die veranschlagten Mittel in voller Höhe ausgegeben sind.

Einzelplan: Der Haushaltsplan der Gemeinde ist in 10 Einzelpläne (Epl.) aufgeteilt. In der Regel handelt es sich bei den Epl. um die Aufteilung des → Gesamtplanes in die Einnahmen, Ausgaben und Verpflichtungsermächtigungen jeweils eines Ressorts, also eines Verantwortungsbereichs innerhalb der Verwaltung.

Die Nummer des Epl. ist nach der besonderen Kennziffer 1 bzw. 2 (Verwaltungshaushalt bzw. Vermögenshaushalt) die erste Ziffer der → Haushaltsstelle.

Finanzierungsübersicht: Der Inhalt der Finanzierungsübersicht ist gemäß GemHVO verbindlich vorgeschrieben. Sie geht von den Gesamteinnahmen und Gesamtausgaben des Haushaltsplans aus, **ohne** eine Trennung zwischen Verwaltungs- und Vermögenshaushalt vorzunehmen. Die Bereinigung dieser Gesamtgrößen um → besondere Finanzierungsvorgänge dient der Ermittlung des ausschließlich auf das Haushaltsjahr bezogenen Haushaltssaldos.

Finanzierungsvorgänge besondere sind Einnahmen und Ausgaben, die finanzwirtschaftlich anderen Haushaltsjahren zuzurechnen sind. Ihre Aussonderung ermöglicht eine streng auf das Haushaltsjahr bezogene Beurteilung.

Gesamtplan: Übersichtliche Zusammenstellung der Einnahmen und Ausgaben des Haushaltsplans. Er besteht aus

- der Zusammenfassung der Einnahmen, Ausgaben und Verpflichtungsermächtigungen **der Epl., getrennt** nach Verwaltungshaushalt und Vermögenshaushalt,
- der Übersicht über die Einnahmen, Ausgaben und Verpflichtungsermächtigungen nach Aufgabenbereichen und Arten **ohne** Trennung zwischen Verwaltungshaushalt und Vermögenshaushalt.

  Vertikal ist diese Übersicht nach Aufgabenbereichen gegliedert, horizontal nach Gruppierungsziffern jeweils für mehrere sachlich zusammenhängende Einnahme- und Ausgabearten;
- der → Gruppierungsübersicht, in der die Einnahmen und Ausgaben nach **Arten** aufgeführt sind und die Gesamteinnahmen den Gesamtausgaben des Haushaltsplans gegenübergestellt werden. Die → Gruppierungsübersicht ermöglicht die Beurteilung der Finanzkraft der Gemeinde sowie ihrer Einnahmen- und Ausgabenstruktur;
- der → Finanzierungsübersicht, die von den Gesamteinnahmen und Gesamtausgaben (ohne Trennung in Verwaltungs- und Vermögenshaushalt) ausgeht und diese um → besondere Finanzierungsvorgänge bereinigt.

Auf alle Bestandteile des **Gesamtplans wurde in dieser Schrift eingegangen.**

Gliederungsplan: Der Gliederungsplan enthält

- die 10 → Einzelpläne des Haushaltsplans
- die zu jedem der → Einzelpläne gehörenden → Abschnitte
- die zu jedem der → Abschnitte gehörenden → Unterabschnitte.

Die → Einzelpläne, → Abschnitte und → Unterabschnitte werden im → Gliederungsplan bezeichnet, z. B.:

Epl. 0 – Gemeindeorgane
Abschn. 02 – Hauptverwaltung
Unterabschn. 020 – Hauptamt

Gruppe: Die zehn → Hauptgruppen sind weitergehend in Gruppen und → Untergruppen unterteilt. An die Ziffer der → Hauptgruppe wird eine zweite Ziffer angehängt.

Beispiele:

Hauptgruppe	0	– Steuern, allgemeine Zuweisungen
Gruppe	00	– Realsteuern
Gruppe	01	– Gemeindeanteil an der Einkommensteuer
Gruppe	02	– Andere Steuern
.		
.		
.		
Hauptgruppe	4	– Personalausgaben
Gruppe	40	– Aufwendungen für ehrenamtliche Tätigkeit
Gruppe	41	– Dienstbezüge und dgl.
.		
.		
.		

Gruppierungsübersicht: Sie enthält die Einnahmen und Ausgaben des Haushaltsplans, geordnet nach Arten. In der vorgeschriebenen Einteilung nach Gruppierungsziffern werden die Gesamteinnahmen des Haushalts den Gesamtausgaben gegenübergestellt. Die Gruppierungsübersicht ermöglicht eine Beurteilung der Finanzkraft der Gemeinde sowie ihrer Einnahme- und Ausgabestruktur.

Hauptgruppen: Die Einnahmen und Ausgaben des Haushaltsplans sind nach ihren Arten in zehn Hauptgruppen unterteilt (z. B. Hauptgruppe 0: Steuern, allgem. Zuweisungen; Hauptgruppe 4: Personalausgaben).

Die Hauptgruppen 0 bis 3 bezeichnen Einnahmen, die Hauptgruppen 4 bis 9 bezeichnen Ausgaben.

Die Ziffer der Hauptgruppe ist stets die erste Ziffer der → Gruppe (2 Ziffern) bzw. → Untergruppe (3 Ziffern) nach Ordnungsmerkmalen des Dezimalsystems.

Haushaltsstelle: Die Haushaltsstelle bezeichnet jeweils einen Einnahme- oder Ausgabeansatz des Haushaltsplans. Sie besteht aus zwei Grundkomponenten:

- der Gliederungsziffer, die den → Einzelplan (erste Ziffer), den → Abschnitt (zweite Ziffer) und den → Unterabschnitt (dritte Ziffer) laut → Gliederungsplan;
- der Gruppierungsziffer, die die → Hauptgruppe (erste Ziffer), die → Gruppe (zweite Ziffer) und die → Untergruppe (dritte Ziffer) der Einnahmen und Ausgaben nach Arten entsprechend dem Gruppierungsplan enthält.

Beispiele:

A) $\bullet.\underbrace{900}_{1)}.\underbrace{000}_{2)}.\bullet$

1) Steuern, allg. Zuweisungen u. allgem. Umlagen

2) Grundsteuer A

B) $\bullet.\underbrace{670}_{1}.\underbrace{510}_{2)}.\bullet$

1) Straßenbeleuchtung

2) Unterhaltung des sonstigen unbeweglichen Vermögens

Die Haushaltsstelle kann erweitert werden um:

- eine besondere Kennziffer, die an erster Stelle der Haushaltsstelle steht, nämlich 1 = Verwaltungshaushalt
  2 = Vermögenshaushalt

  (Beide Beispiele betreffen den Verwaltungshaushalt und hätten als erste Ziffer die 1. Man darf sich nicht durch Bezeichnungen der → Untergruppen irritieren lassen. Entscheidend dafür, ob eine Einnahme oder Ausgabe im Vermögenshaushalt zu planen ist, ist ihre Vermögenswirksamkeit. Die laufende Unterhaltung der Straßenbeleuchtung ist nicht vermögenswirksam.)
- eine Prüfziffer für EDV-Zwecke, die hinter der Gruppierungsziffer steht,

– eine Vorhabenkennziffer, die einzelne Investitionsvorhaben numerisch kennzeichnet und nur für den Vermögenshaushalt, also Einnahmen der → Hauptgruppe 3 und Ausgaben der → Hauptgruppe 9 gilt.

Gesamtbeispiel:

2.460.935.4. – 001

2. Vermögenshaushalt

460. Kindergärten

935. Erwerb von beweglichen Sachen des Anlagevermögens

4. Prüfziffer f. EDV-Zwecke

001. Vorhabenkennziffer.

Haushaltssystematik: Die Haushaltssystematik ist die Summe (Zusammenfassung) aller Gliederungs- und Gruppierungsmerkmale des Haushaltsplans. Sie schließt also die Gliederung nach → Einzelplänen, → Abschnitten und → Unterabschnitten und die Gruppierung nach → Hauptgruppen, → Gruppen und → Untergruppen ein.

Sammelnachweise: In ihnen werden Einnahmen und Ausgaben des Verwaltungshaushalts, die zur gleichen → Gruppe gehören oder sachlich eng zusammenhängen, veranschlagt. Ihre Anwendung ist nicht verbindlich vorgeschrieben.

Sammelnachweise sind aber besonders für Personalausgaben sowie für sächlichen Verwaltungs- und Betriebsaufwand zu empfehlen. Diese Aufwendungen kehren in mehreren → Abschnitten und → Unterabschnitten des Haushaltsplans wieder (Löhne, Gehälter, Reisekosten, Fernsprechgebühren usw.), werden aber meistens von wenigen, z. T. nur von einer Stelle bewirtschaftet. Veranschlagung und Bewirtschaftung können durch ihre Zusammenfassung an einer besonderen Stelle, dem Sammelnachweis, erleichtert werden.

Der Sammelnachweis stellt eine vorläufige Buchungsstelle dar, auf der zunächst alle dort zusammengefaßten Einnahmen und Ausgaben gebucht werden. Dazu ist jeweils auch nur eine Kassenanordnung nötig. Zum Jahresende werden die Sammelnachweise aufgelöst und in die → Unterabschnitte bzw. → Abschnitte übernommen.

Unechte Deckungsfähigkeit: Sie liegt vor, wenn zweckgebundene Mehreinnahmen zur Leistung entsprechender Mehrausgaben verwendet werden (§ 17 Abs. 1 GemHVO), oder wenn Mehreinnahmen bei Entgelten für bestimmte Leistungen als Mehrausgaben zur Erbringung dieser Leistungen verwendet werden (§ 17 Abs. 2 GemHVO).

Voraussetzungen für die Inanspruchnahme unechter Deckungsfähigkeit sind:

- Entsprechende Mehreinnahmen müssen tatsächlich realisiert sein.
- Es muß im Haushaltsplan ein Zweckbindungsvermerk vorliegen.

Unterabschnitt: Teil eines → Abschnitts. An die beiden Ziffern des → Abschnitts wird eine dritte Ziffer angehängt. Der Unterabschnitt ermöglicht eine weitere Aufschlüsselung der mit dem → Abschnitt erfaßten Aufgabenbereiche. Zusammengenommen bilden die drei Ziffern des Unterabschnittes nach der besonderen Kennziffer 1 bzw. 2 (Verwaltungs- bzw. Vermögenshaushalt) die ersten drei Ziffern der → Haushaltsstelle. Das sind die Ziffern des → Gliederungsplans. Es folgen dann in der → Haushaltsstelle die drei Ziffern des Gruppierungsplans.

Beispiele zum Unterabschnitt (→ Gliederungsplan):

Epl. 7:	– Öfftl. Einrichtungen, Wirtschaftsförderung
Abschn. 77	– Hilfsbetriebe der Verwaltung
Unterabschn. 770	– Fuhrpark
Unterabschn. 771	– Bauhöfe
.	
.	
.	
Epl. 3:	– Wissenschaft, Forschung, Kulturpflege
Abschn. 31	– Wissenschaft u. Forschung
Unterabschn. 310	– Wissenschaftl. Museen u. Sammlungen
Unterabschn. 311	– Wissenschaftl. Bibliotheken
Unterabschn. 312	– Sonstige Wissensch. u. Forschung

Untergruppe: Die Untergruppe ist eine weitere Detaillierung einer Einnahme- oder Ausgabegruppe. An die beiden Ziffern einer → Gruppe wird eine dritte Ziffer angehängt.

Beispiele:

Hauptgruppe	0	— Steuern, allg. Zuweisungen
Gruppe	00	— Realsteuern
Untergruppe	000	— Grundsteuer A
Untergruppe	001	— Grundsteuer B
Untergruppe	003	— Gewerbesteuer nach Ertrag u. Kapital
Hauptgruppe	4	— Personalausgaben
Gruppe	41	— Dienstbezüge und dgl.
Untergruppe	410	— Beamte
Untergruppe	414	— Angestellte
Untergruppe	415	— Arbeiter
Untergruppe	416	— Beschäftigungsentgelte und dgl.

Die drei Ziffern der Untergruppe stehen in der → Haushaltsstelle hinter den drei Ziffern des → Unterabschnitts lt. → Gliederungsplan (vgl. → Haushaltsstelle).

Zeitliche Übertragbarkeit: Es ist zu unterscheiden zwischen zeitlicher Übertragbarkeit

- kraft Gesetz
- kraft Vermerk
- bei zweckgebundenen Einnahmen:

Kraft Gesetz: Das betrifft Haushaltsansätze des Vermögenshaushalts, die nach § 19 Abs. 1 GemHVO (Übertragbarkeit) bis zur Fälligkeit der letzten Zahlung für ihren Zweck verfügbar bleiben.

Kraft Vermerk: Das betrifft Haushaltsansätze des Verwaltungshaushalts, die nach § 19 Abs. 2 GemHVO für übertragbar erklärt werden können, wenn damit eine sparsame Bewirtschaftung der Haushaltsmittel gefördert wird. In der Regel ist dies bei zweckgebundenen Ausgaben der Fall, wenn durch Übertragbarkeitsvermerk verhindert wird, daß Mittel nur ausgegeben werden, damit sie am Jahresende nicht verfallen.

Zweckgebundene Einnahmen. Verfahrensrechtlich zählt die Übertragung zweckgebundener Einnahmen in das Folgejahr zur zeitlichen Übertragbarkeit kraft Haushaltsvermerk. Grundlage ist hier jedoch der ausdrückliche Zweckbindungsvermerk.

Methoden der Übertragung können sein

- die Rotabsetzung bei der Einnahme
- die Bildung eines Haushaltsausgaberestes bei der Ausgabe.

Beispiel: Der Haushaltsplan enthält jeweils 2500 DM Einnahmen und damit zusammenhängende Ausgaben. In diesen Fällen ist ein Zweckbindungsvermerk gemäß § 17 GemHVO (Haushaltsvermerk) auszubringen. Am Jahresende sind 2800 DM eingenommen, aber nur 2000 DM ausgegeben. Die verbleibenden 800 DM werden im Folgejahr benötigt. Entweder werden in diesem Falle 800 DM von der Einnahme rot abgesetzt, oder es wird (dann aber nur 500 DM, nämlich Abweichung von Plan und Ist beim Ausgabeansatz) ein Haushaltsrest (Ausgabe) gebildet und in das Folgejahr übertragen.

